DCG 4

DROIT FISCAL

2017/2018

Le cours en Fiches

Patricia Chauderlot

Christian Fornasier

Sous la direction
de Nathalie Hector

Groupe
Revue Fiduciaire

Nathan

Sommaire

Impression & brochage sepec - France
Numéro d'impression : 06601170105 - Dépôt légal : mars 2017

MIXTE
Papier issu de sources responsables

Section A. L'impôt sur le revenu

Section B. La CSG, la CRDS, le prélèvement social

PARTIE V. La taxe sur la valeur ajoutée

PARTIE VI. L'imposition du capital

Section A. L'impôt de solidarité sur la fortune

Section B. Les droits d'enregistrement

Section C. Les impôts locaux

PARTIE VII. Les taxes assises sur les salaires

PARTIE VIII. Le contrôle fiscal

Conception maquette : Dany Mourain ; Mise en pages : JPM ; Édition : Marine Riem

ISBN 978-2-09-164782-1 pour la présente édition
ISBN 978-2-09-163988-8 pour la précédente édition

FICHE 1

Conseils méthodologiques pour réussir les épreuves de droit

Les conseils qui sont proposés dans cette fiche peuvent s'appliquer aux différentes épreuves de droit de l'expertise comptable. Le droit des sociétés, le droit fiscal ou encore le droit social constituent des disciplines juridiques spécifiques, mais la façon de s'y préparer répond cependant à des règles communes.

1 La préparation de l'épreuve

Pour réussir l'épreuve le jour J, le candidat doit, au préalable :
– maîtriser les fondamentaux du droit contenus dans le DCG 1 « Introduction au droit » ;
– comprendre et apprendre les règles de droit spécifique, de préférence en suivant le plan du programme paru au *BO* n° 13 du 27 mars 2014, pour éviter tout oubli ;
– réviser et relire régulièrement les fiches, car le droit est une discipline difficile qui requiert un temps d'assimilation important ;
– faire des exercices de mise en pratique pour vérifier la maîtrise des cours ;
– s'exercer dans les conditions identiques à l'épreuve pour apprendre à contrôler le temps imparti et se familiariser avec les énoncés de sujets ;
– suivre l'actualité juridique, car le droit est en perpétuelle évolution.

2 Le déroulement de l'épreuve

Chaque épreuve de droit dure 3 heures et a un coefficient 1 (12 crédits ECTS). Les exercices demandés sont : l'étude d'une ou de plusieurs situations pratiques (ou cas pratiques), et/ou le commentaire d'un ou de plusieurs documents, et/ou des questions de cours.

2.1. Le cas pratique

Il consiste en une mise en situation d'un problème de droit à résoudre à l'aide des questions posées dans le sujet. La méthodologie attendue pour répondre à tout cas pratique est la suivante : rappeler les faits synthétiquement ; poser la problématique ; présenter le principe juridique applicable et les références à l'article du code cité ou à la jurisprudence ; proposer la solution du cas.

2.2. Le commentaire de texte

Le commentaire de texte peut consister en l'étude d'articles de presse, de décisions de justice, d'articles de codes, etc. Il s'agit souvent de répondre à une problématique posée sous forme de question.

La méthodologie à respecter pour répondre à cette question suit l'ordre suivant :
– faire une analyse précise du ou des textes proposés (origine, auteur, époque, etc.) ;
– formuler la problématique ;
– rappeler la règle juridique applicable ;
– rapprocher la règle juridique et la thèse suivie dans le corps du ou des textes.

Les caractéristiques générales de l'impôt

Le terme impôt s'applique à divers types de prélèvements effectués sur les acteurs économiques pour faire face aux dépenses de l'État et des collectivités territoriales.

1 Définition

« Les impôts sont des prestations pécuniaires mises obligatoirement à la charge des personnes physiques et morales en fonction de leurs capacités contributives et sans contrepartie déterminée, en vue de la couverture des dépenses publiques » (DGFiP).

obligatoire ← Prestation pécuniaire → sans contrepartie

Ainsi, l'impôt se distingue de la redevance, versée par un usager d'un organisme public pour chaque service rendu, et de certaines taxes perçues par des collectivités territoriales dans un but économique et social précis.

2 Classification des impôts

Il existe quatre grands critères de classification des impôts.

Les impôts directs	Acquittés par le contribuable après appel par voie de rôle nominatif (document établi par l'administration fiscale) (IR, ISF).
Les impôts indirects	Fondés sur des événements économiques, collectés sur des tiers puis liquidés spontanément par le contribuable (TVA).

L'impôt sur les revenus	Impôt sur les sommes perçues annuellement par un foyer fiscal (IR) et impôt sur les bénéfices des sociétés (IS).
L'impôt sur la dépense	Taxe sur la valeur ajoutée (TVA), taxe intérieure sur les produits pétroliers (TIPP).
L'impôt sur le capital	Avec pour base de calcul le capital du contribuable (ISF, droit de successions).

L'impôt personnel	Son calcul prend en compte des critères personnels, par exemple le foyer fiscal, la situation de famille (IR, droits de succession).
L'impôt réel	Fondé sur la nature de l'opération soumise à l'imposition et non sur la situation personnelle (TVA, droits de douane).

L'impôt fixe	L'impôt à payer est fixe quel que soit le montant de l'opération (droits de timbre, droits fixes d'enregistrement).
L'impôt proportionnel	L'impôt est proportionnel au montant de l'opération ou du revenu par application d'un taux fixe (TVA).
L'impôt progressif	L'imposition est adaptée aux facultés contributives des contribuables (IR, ISF).

3 Le mécanisme de l'impôt

3.1. Le champ d'application

Il précise les personnes et les opérations imposables et, si nécessaire, les règles de territorialité (définition du territoire sur lequel s'applique la législation française).

3.2. L'assiette

C'est la base à partir de laquelle est calculé le montant de l'impôt. Le mode le plus fréquent d'évaluation de la base imposable est la déclaration par le contribuable (ex. : déclaration de revenu). La contrepartie est le contrôle fiscal *a posteriori*.

3.3. Le fait générateur

Il détermine l'événement qui fait naître les conditions fiscales légales nécessaires à l'exigibilité de l'impôt (ex. : clôture de l'exercice au 31 décembre).

3.4. La date d'exigibilité

Elle émane de la situation qui rend une personne redevable de l'impôt à une certaine date et qui donne naissance à la dette envers l'État (ex. : bénéfice réalisé au 31/12).

3.5. La méthode de liquidation

Elle fixe par qui est effectué le calcul du montant exigible de l'impôt : contribuable (par liquidation spontanée) ou Administration (par voie de rôle).

3.6. Les modalités de recouvrement

Elles spécifient quand et comment doit se faire le paiement, soit après appel du montant par l'administration (IR, modifié à compter du 01/01/2018), soit par versement spontané (TVA, IS), soit par retenue à la source (prélèvement d'office sur un revenu).
Le 01/01/2018, les revenus salariaux et de remplacement, les pensions, les rentes viagères, seront soumis à un prélèvement à la source opéré par l'employeur. Les revenus des travailleurs indépendants (BIC, BNC, BA) ainsi que les revenus fonciers seront soumis au versement d'un acompte mensuel contemporain.
Le taux du prélèvement ainsi que celui de l'acompte sera calculé par l'administration pour chaque foyer en effectuant un rapport entre l'IR et les revenus de l'avant dernière année pour les retenues à la source de la période de janvier à août, et de l'année précédente pour septembre à décembre. À défaut de revenus des années antérieures, il sera fait application de taux forfaitaires « par défaut ».

4 L'organisation de l'administration fiscale

L'administration fiscale est hiérarchique et déconcentrée.

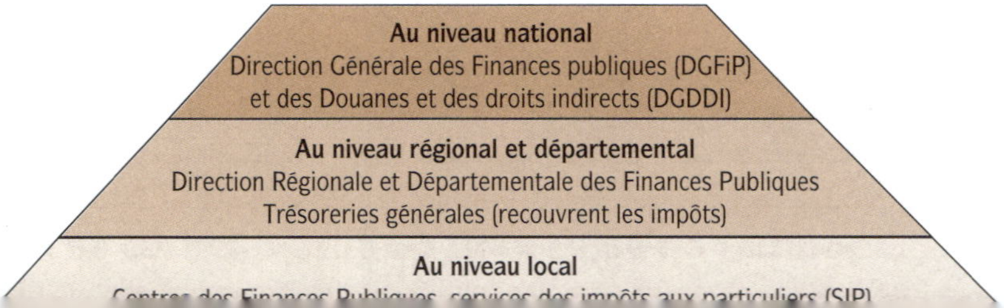

Les sources du droit fiscal

Le droit fiscal définit les règles applicables en matière d'impôt. Il évolue pour s'adapter aux exigences du budget annuel de l'État et est constitué de textes issus de sources diverses.

1 Les sources nationales du droit fiscal

1.1. La Constitution du 4 octobre 1958

L'article 34 de la Constitution dispose que relèvent de la compétence du législateur, l'assiette, le taux et les modalités de recouvrement des impositions de toute nature.
Le Conseil constitutionnel est chargé de veiller au respect de la Constitution. Il peut annuler des articles des lois votées par le Parlement s'il les juge anticonstitutionnels. Il a consacré plusieurs grands principes en matière fiscale :

Légalité de l'impôt	Chaque citoyen a le droit de constater la nécessité de la contribution publique, de la consentir librement, d'en suivre l'emploi et d'en déterminer la qualité, l'assiette, le recouvrement et la durée.
Égalité	Une contribution commune doit être également répartie entre chaque citoyen en raison de ses facultés.
Nécessité de la lutte contre la fraude fiscale	L'exercice des libertés et des droits individuels ne saurait en rien excuser la fraude fiscale ni entraver une légitime répression.
Non-rétroactivité de la loi fiscale	Les nouvelles lois fiscales ne s'appliquent pas aux événements qui ont eu lieu avant qu'elles n'entrent en vigueur.
Annualité de l'impôt	L'autorisation annuelle de percevoir l'impôt est donnée par le Parlement.

1.2. La loi de finances de l'année

Conformément à l'article 34 de la Constitution, la loi de finances annuelle constitue la source essentielle du droit fiscal. Elle est votée avant la fin de chaque année par le Parlement et publiée au *Journal officiel* du 31 décembre pour application l'année suivante. Elle est le plus souvent aménagée et complétée par une loi de finance rectificative.

1.3. Les décrets d'application et les arrêtés ministériels

Les décrets et les arrêtés du ministère des Finances précisent les conditions de mise en application de la loi de finances de l'année.

1.4. Le Code général des impôts (CGI)

Les dispositions des lois de finances annuelles, les décrets et les arrêtés sont repris dans le Code général des impôts. Il se décompose en deux parties : la première législative et la seconde réglementaire.

1.5. Le livre des procédures fiscales (LPF)

Ce document codifie les relations entre l'Administration et le contribuable. Il développe notamment l'ensemble des procédures de contrôle, ainsi que les garanties accordées à chaque contribuable.

1.6. La doctrine administrative et la jurisprudence

La doctrine administrative est constituée par les instructions et les circulaires ministérielles qui apportent des interprétations aux textes législatifs et réglementaires. Elles sont rassemblées dans un imposant ouvrage : « la Documentation administrative. »
La jurisprudence émane des jugements rendus en matière fiscale par les tribunaux français, administratifs (impôts directs et TVA) ou de l'ordre judiciaire (pour les autres impôts). Le Conseil d'État, juge de l'impôt en dernier ressort, est à l'origine de nombreuses théories fiscales.

EXEMPLE Actes anormaux de gestion, corrections symétriques des bilans.

2 Les sources internationales du droit fiscal

2.1. Les conventions fiscales internationales

Les conventions fiscales internationales sont des accords bilatéraux signés par les Parlements des deux États signataires. Elles ont la primauté sur les lois nationales. Leur objectif est triple :
- éviter la double imposition ;
- lutter contre la fraude et l'évasion fiscale ;
- protéger le contribuable.

Ces conventions déterminent notamment les notions de foyer, de centre des intérêts économiques, de lieu de séjour principal.
La France a conclu des conventions fiscales bilatérales avec 113 pays.

2.2. Les directives fiscales du Conseil de l'Union européenne

Adoptées à l'unanimité par le Parlement européen, les directives s'imposent aux États membres de l'Union qui doivent les intégrer dans leurs lois nationales. Elles sont destinées à favoriser progressivement l'harmonisation des législations. En cas d'opposition entre une directive européenne et une disposition française, la directive est supérieure à la disposition nationale.

■ **Les sources du droit fiscal**

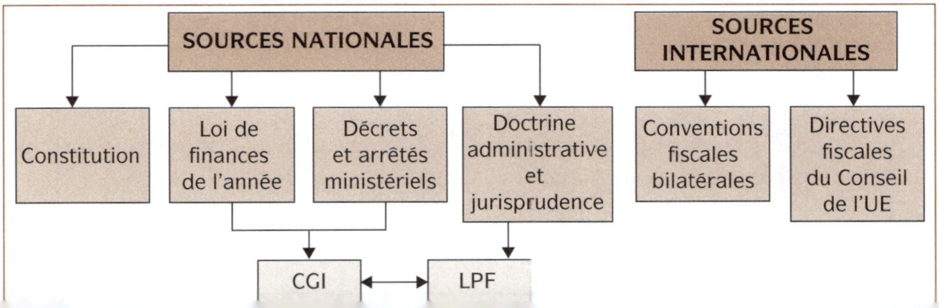

FICHE 4

BIC Le champ d'application

Les bénéfices industriels et commerciaux (BIC) constituent une des catégories des revenus soumis à l'impôt sur le revenu (IR). Pour déterminer le résultat provenant d'activités relevant du régime fiscal des BIC, il faut tout d'abord en délimiter le champ d'application.

1 La classification fiscale des activités relevant des BIC

La notion fiscale d'activité commerciale est plus étendue que celle prévue par le Code de commerce.

1.1. Les activités commerciales par nature

Les bénéfices réalisés par des personnes physiques, exerçant à titre individuel « une profession commerciale » ou associées d'une société commerciale non soumise à l'impôt sur les sociétés, sont imposés dans la catégorie des bénéfices industriels et commerciaux pour la détermination de l'impôt sur le revenu.

La notion de « profession » retenue par le Code général des impôts (CGI) suppose la réalisation d'opérations à caractère commercial, à titre habituel, pour son propre compte et dans un but lucratif.

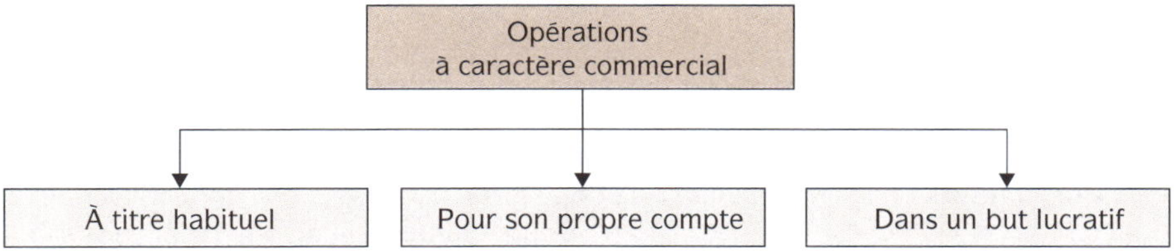

1.2. Les activités rattachées fiscalement aux BIC

Certaines activités qui ne répondent pas à la définition des activités commerciales au sens du Code de commerce sont toutefois rattachées aux BIC sur le plan fiscal.

a) Les activités artisanales

Les artisans, bien que non inscrits au Registre du commerce, relèvent de la catégorie des BIC.

b) Certaines activités immobilières

Les revenus tirés de leurs activités par les promoteurs immobiliers, les contribuables réalisant des opérations de construction-vente, les intermédiaires, les marchands de biens ou les lotisseurs relèvent de la catégorie des BIC.

c) Certaines activités de location

Relèvent de la catégorie des BIC les activités de location suivantes :

– les locations d'immeubles professionnels équipés ;

– les locations habituelles d'immeubles meublés à usage d'habitation ;

– les locations d'immeubles nus dans le cas où l'immeuble est porté à l'actif d'une entreprise industrielle et commerciale ;
– les opérations de location-gérance de fonds de commerce.

1.3. Les activités accessoires aux activités industrielles ou commerciales

Lorsqu'un entrepreneur réalise non seulement des opérations relevant de la catégorie des BIC mais aussi des opérations relevant d'une autre catégorie de revenus, il doit déclarer chacune d'elles dans leur catégorie de rattachement. Dans certaines conditions, il est possible de déqualifier les revenus accessoires à une activité industrielle et commerciale afin qu'ils soient imposés dans la catégorie des BIC.

a) Les revenus susceptibles d'être déqualifiés

Les revenus tirés d'activités agricoles ou non commerciales, accessoires à une activité commerciale, peuvent être déqualifiés et imposés dans la catégorie des bénéfices industriels et commerciaux.
Le caractère accessoire signifie que l'activité commerciale reste prépondérante et qu'il existe un lien direct entre les activités commerciales et les autres activités.

b) Les conséquences de la déqualification

La déqualification n'a d'effet qu'au regard de l'imposition sur le revenu. En ce qui concerne les autres impôts et taxes, chaque activité conserve son régime propre.

2 Les BIC professionnels et les BIC non professionnels

2.1. La distinction fiscale

Les BIC professionnels résultent de l'exercice personnel, à titre habituel et professionnel, d'une activité industrielle ou commerciale (ou assimilée au plan fiscal).
Les BIC non professionnels résultent principalement d'un placement financier (participation dans une société soumise à l'impôt sur le revenu notamment).

2.2. La conséquence en cas de déficits

Les déficits des activités industrielles et commerciales sont imputés différemment selon que les BIC sont professionnels ou non :
– les déficits de BIC professionnels peuvent s'imputer sur les autres revenus du foyer fiscal et, s'il n'y a pas d'autres revenus ou si ceux-ci sont insuffisants, ce déficit est reportable sur les revenus des 6 années suivantes ;
– les déficits de BIC non professionnels ne peuvent s'imputer que sur les revenus de la catégorie des BIC des 6 années suivantes.

3 Les personnes imposables

3.1. Les personnes physiques

L'exploitant individuel a, seul, la personnalité juridique et l'éventuel bénéfice réalisé par l'entreprise dans la catégorie des BIC sera imposé à l'IR dans le cadre de son foyer fiscal avec ses autres revenus.

3.2. Les associés des sociétés commerciales non soumises à l'IS

Ces sociétés ne sont pas personnellement imposables. Ce sont les associés, pour la part des bénéfices leur revenant, qui sont imposés à l'impôt sur le revenu.

BIC La détermination du résultat imposable

Le résultat imposable dégagé par l'activité industrielle et commerciale d'une entreprise individuelle ou d'une société de personnes non soumise à l'IS constitue l'assiette de l'impôt sur le revenu dans la catégorie des BIC.

1 La définition du bénéfice imposable

Le Code général des impôts (CGI) donne deux définitions du bénéfice imposable en retenant une approche par le résultat et une approche par la variation de l'actif net.

1.1. L'approche par le résultat

L'article 38-1 du CGI dispose que le bénéfice imposable est le « bénéfice net, déterminé d'après les résultats d'ensemble des opérations de toute nature effectuées par les entreprises, y compris notamment les cessions d'éléments quelconques de l'actif, soit en cours, soit en fin d'exploitation ».

1.2. L'approche par la variation de l'actif net

L'article 38-2 du CGI dispose que le « bénéfice net est constitué par la différence entre les valeurs à l'actif net à la clôture et à l'ouverture de la période dont les résultats doivent servir de base à l'impôt, diminuée des suppléments d'apport et augmentée des prélèvements effectués au cours de cette période par l'exploitant ou par les associés ».
Dans la pratique, le calcul du résultat s'effectue à partir de la première approche. La comparaison entre deux bilans successifs permet, dans des cas particuliers, aux tribunaux ou à l'administration fiscale de rechercher et définir un résultat imposable.

2 Les règles générales de détermination du résultat

2.1. La référence à l'exercice comptable

En principe, l'année civile constitue la période de référence en matière d'imposition sur le revenu. Par exception, lorsque l'exercice comptable de l'entreprise individuelle ne coïncide pas avec l'année civile, l'administration retient, à titre de simplification, le résultat de l'exercice clos au cours de l'année au titre de laquelle l'imposition est établie.

2.2. La référence à la comptabilité d'engagement

En matière de BIC, il est fait application des règles correspondant à une comptabilité d'engagement (par opposition à une comptabilité de caisse). Par application du principe de prudence, les opérations sont comptabilisées (et le résultat est réalisé) uniquement lorsque la vente ou la prestation a été exécutée.

2.3. La relation entre le résultat comptable et le résultat fiscal

La comptabilité fournit, entre autres informations, une valorisation du résultat. Ce résultat, qualifié de « comptable », sert de base de départ à la détermination du résultat imposable. Le résultat comptable est ensuite corrigé pour tenir compte des dispositions

spécifiques à la réglementation fiscale et aboutir, ce faisant, à la valorisation du résultat fiscal. Ces corrections, déductions ou réintégrations fiscales, opérées dans le seul dessein de déterminer une base imposable à l'impôt sur le revenu dans la catégorie des BIC, sont réalisées hors comptabilité (corrections « extra-comptables »).
Le passage du résultat comptable au résultat fiscal s'effectue de manière normalisée pour toutes les entreprises en utilisant un imprimé standard (tableau n° 2058-A pour les entreprises relevant du régime réel d'imposition).

■ **Recherche du résultat fiscal**

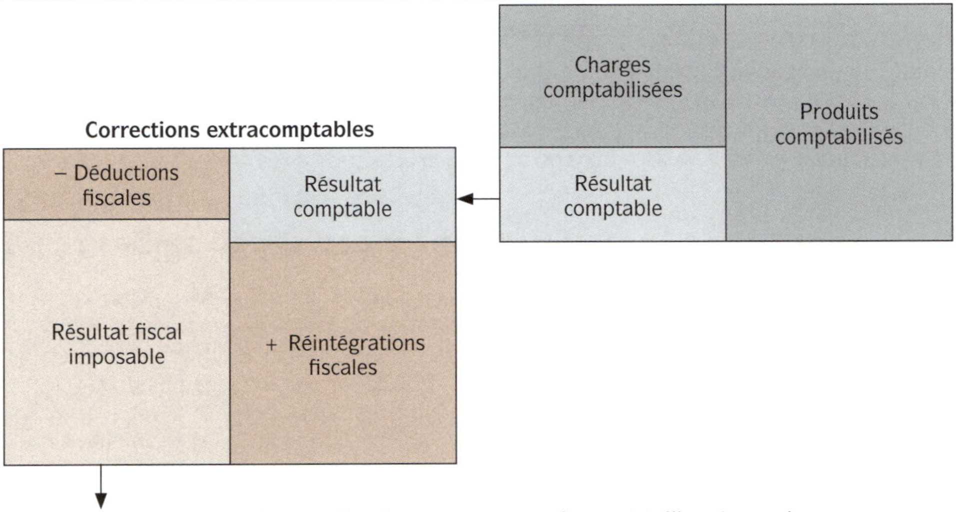

Ce résultat fiscal, qu'il soit distribué ou non, est imposé à l'impôt sur le revenu au titre des BIC :
– en totalité dans le cadre du foyer fiscal de l'exploitant individuel,
– pour la part revenant à chaque associé d'une société commerciale non soumise à l'IS dans le cadre de son foyer fiscal.

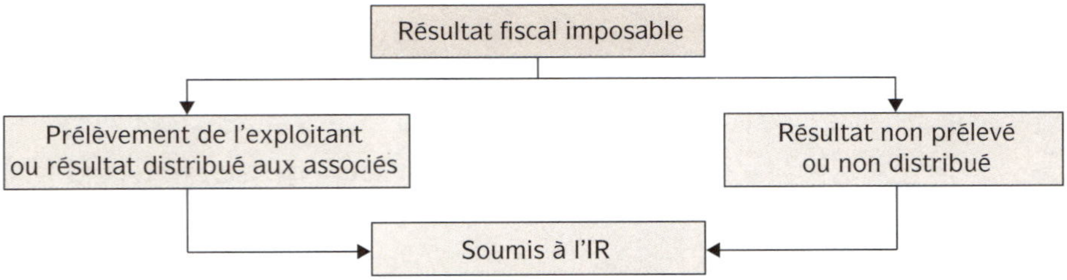

2.4. La liberté d'inscription à l'actif

La détermination de l'actif professionnel par l'entrepreneur individuel résulte de son choix d'inscrire ou non un bien à l'actif du bilan de son entreprise. Ce critère est indépendant de l'utilisation professionnelle du bien ou de son affectation. Toutefois, certains biens sont considérés comme entrant nécessairement dans la composition du patrimoine professionnel indépendamment de leur inscription à l'actif du bilan.

BIC Les produits imposables : les produits d'exploitation

Les produits d'exploitation comptabilisés au cours de l'exercice sont ceux qui résultent de l'activité courante de l'entreprise. Certains de ces produits sont imposables selon des règles fiscales particulières.

1 Les ventes et prestations de services

Les ventes et prestations de services d'une entreprise sont constituées par les opérations liées à son objet social.

1.1. L'exercice de rattachement

Les ventes et prestations de services réalisées par une entreprise sont rattachées en matière comptable comme en matière fiscale à l'exercice au cours duquel elles ont donné lieu à une créance. La créance est considérée comme acquise dès lors que la vente a été réalisée ou le service a été exécuté :

Vente de biens ou de marchandises	La vente est réputée réalisée à la date à laquelle intervient la livraison du bien ou des marchandises.
Prestation de services	La prestation doit être rattachée à l'exercice au cours duquel intervient l'exécution de la prestation et plus précisément lors de l'achèvement de l'exécution de la prestation (sauf prestations continues sur plusieurs exercices).

1.2. L'évaluation des créances et des dettes à la clôture de l'exercice

Lorsque l'entreprise réalise des ventes et des achats en devises, les créances ou les dettes sont comptabilisées en euros en fonction du cours en vigueur à la date de réalisation de l'opération.

À la clôture de l'exercice, ces créances et dettes libellées à l'origine en devises doivent faire l'objet d'une nouvelle évaluation sur la base du cours en vigueur à cette date. L'éventuelle différence constatée constitue soit un gain latent de change, soit une perte latente de change. Un ajustement provisoire des créances et des dettes est effectué (comptes transitoires de bilan 476 ou 477, « Différences de conversion »). Cet ajustement n'a aucune incidence sur les produits et les charges. En revanche, en cas de pertes latentes, le principe de prudence impose la création d'une dotation aux provisions pour risques qui modifie le résultat comptable.

Au plan comptable, le gain de change latent ne constitue pas un produit. Au plan fiscal, en revanche, il doit être imposé par réintégration extra-comptable.

Comptabilité et fiscalité tiennent, toutes deux, compte des pertes latentes.

2 L'incidence des stocks

Le résultat de l'entreprise est fonction des biens et services « consommés » au cours de l'exercice. Pour cela, les variations de stocks entre deux exercices comptables doivent être prises en compte. Toute personne physique ou morale ayant la qualité de commerçant a l'obligation de contrôler par un inventaire au moins une fois tous les douze mois, l'existence et la valeur des éléments actifs et passifs de son entreprise (art. 123-12 du Code de commerce). Cette obligation revêt une importance particulière en ce qui concerne les stocks.

2.1. La définition des stocks

Selon l'article 38 *ter* de l'annexe III du CGI (qui s'applique aussi en comptabilité), le stock de l'entreprise est constitué par l'ensemble :
– des marchandises et des matières premières ;
– des matières consommables et des productions en cours ;
– des produits intermédiaires et des produits finis
– des produits résiduels ;
– des emballages non destinés à être récupérés.

2.2. L'évaluation des stocks de produits

Les stocks sont en principe évalués sur la base du coût de revient ou sur la base du cours du jour de l'inventaire, si celui-ci est inférieur au coût de revient :

Stocks	Coût de revient
Produits achetés par l'entreprise	= Prix d'acquisition + Frais accessoires d'achats – Escomptes, rabais et remises. Si l'entreprise n'est pas en mesure de déterminer ce coût de revient, il est admis qu'elle valorise les stocks selon des méthodes forfaitaires (coût unitaire moyen pondéré ou « premier entré, premier sorti »).
Biens produits par l'entreprise	= Coût de production du bien (soit : charges directes de production + charges indirectes à l'exclusion des charges d'administration générale et des frais de commercialisation restant à supporter). À l'instar des méthodes retenues en comptabilité, l'entreprise doit tenir compte de la sous-activité et peut incorporer au coût de revient des stocks les charges financières engagées pour l'acquisition ou la production du stock.

3 Les autres produits d'exploitation

Les autres produits d'exploitation parmi lesquels la production immobilisée, les loyers perçus pour des immeubles figurant au bilan, les subventions d'exploitation reçues (compte 74), entrent dans la composition du résultat fiscal.

En ce qui concerne les redevances des brevets et licences, les sommes comptabilisées ne sont pas imposables selon le régime général des BIC mais bénéficient du régime d'imposition des plus-values à long terme. Il faut les déduire pour la détermination du résultat fiscal soumis à l'impôt sur le revenu.

■ **Récapitulatif des principaux produits d'exploitation relevant du régime des BIC**

Ventes de biens, services, travaux	+ ou –	Variations de stocks	+	Production immobilisée	+	Subventions d'exploitation	+	Loyers des immeubles

BIC Les produits imposables : les produits financiers et les produits exceptionnels

Les produits financiers résultent de gains de change réalisés, d'intérêts de créances sur des tiers, de revenus de placements des entreprises. Les produits exceptionnels sont ceux qui ne sont pas susceptibles d'être réalisés de manière courante.

1 Les produits financiers

1.1. Les revenus des créances

L'entreprise qui consent des prêts à des tiers moyennant rémunération perçoit des intérêts qui constituent des produits imposables. Ceux-ci sont rattachés à l'exercice au titre duquel ces intérêts ont couru, qu'ils soient effectivement encaissés ou non.

1.2. Les revenus de titres

Qu'ils soient tirés de titres de placement ou de titres de participation inscrits au bilan, ces revenus sont enregistrés en comptabilité comme des produits de l'exercice, mais ils peuvent être fiscalement rattachés aux revenus de capitaux mobiliers.

a) Les titres de placement

Le but recherché par l'entreprise est la réalisation de produits financiers à court terme. Les revenus de ces titres peuvent être déduits du résultat dans la catégorie des BIC et être imposés à l'IR dans la catégorie, plus favorable pour l'exploitant (pour l'instant du moins), des revenus de capitaux mobiliers.
Cette déqualification ne concerne que les revenus liés aux titres et non les produits de cession qui relèvent du régime des plus-values.

b) Les titres de participation

Lorsque l'entreprise décide d'investir dans le capital de sociétés, pour des raisons financières mais surtout stratégiques, l'investissement répond à une logique de long terme. Ces titres sont alors qualifiés de titres de participation, par opposition aux titres de placement, mais le système d'imposition est identique (voir ci-dessus).

1.3. Les gains de change

Les gains de change comptabilisés pendant l'exercice sont imposables.
Les gains de change latents à la clôture de l'exercice ne sont pas comptabilisés en produits car les créances et les dettes issues d'opérations en devises sont simplement ajustées. En revanche, le résultat fiscal les prend en compte par réintégration extra-comptable.

1.4. Les produits nets sur cession de valeurs mobilières de placement

Lors des cessions de valeurs mobilières de placement, le gain réalisé (prix de cession – prix d'acquisition) est enregistré en comptabilité. Dans la plupart des cas, il doit être déduit du résultat comptable et bénéficier du régime fiscal des plus-values.

2 Les produits exceptionnels

2.1. Les indemnités d'assurance et autres indemnités

Les indemnités compensent une charge ou une perte exceptionnelle subie par l'entreprise : vols, incendies, décès d'un responsable, indemnisation obtenue par voie judiciaire pour un préjudice commercial.

Type d'indemnités	Caractère imposable
Indemnités qui compensent la disparition ou la destruction de stocks (vol, sinistre)	Produits imposables, car compensation d'une charge.
Indemnités liées à la disparition ou la destruction d'un élément de l'actif immobilisé	Produits imposables soumis au régime des plus-values et moins-values professionnelles, car la disparition ou la destruction d'une immobilisation entraîne la sortie de l'immobilisation de l'actif.
Indemnités d'assurance-décès souscrite en garantie d'un emprunt (le versement compense la dette inscrite au passif)	Produits imposables dont l'imposition peut être étalée sur l'année de réalisation du profit et les 4 années suivantes.
Indemnités liées à des contrats d'assurance « hommes clés »	Produits imposables dont l'imposition peut être étalée sur l'année de réalisation du profit et les 4 années suivantes.
Indemnités perçues à raison d'un préjudice	Produits imposables.
Indemnités réparant un préjudice subi à titre personnel par l'exploitant	Non imposables.

2.2. Les dégrèvements d'impôt

Le régime fiscal des dégrèvements d'impôt est fonction du régime fiscal appliqué à l'impôt initialement versé. Si l'impôt ou la taxe est déductible, le dégrèvement constitue un produit imposable. *A contrario*, si l'impôt ou la taxe objet du dégrèvement n'est pas déductible, le dégrèvement ne constitue pas un produit imposable.

2.3. Les subventions d'équilibre

Accordées par l'État et les collectivités territoriales essentiellement, elles sont comprises dans les résultats imposables.

2.4. Les subventions d'investissement

Obtenues par l'entreprise pour acquérir un équipement précis, elles sont imposées au titre de l'exercice de versement. Mais l'entreprise peut opter pour l'échelonnement de la subvention sur plusieurs exercices selon la nature du bien.

Immobilisation amortissable	La subvention est rapportée chaque année aux résultats selon le rythme d'amortissement.
Immobilisation non amortissable sans clause d'inaliénabilité	La subvention est rapportée aux résultats par dixièmes, pendant les 10 années suivant celle de son versement.
Immobilisation non amortissable avec clause d'inaliénabilité	La subvention est rapportée aux résultats par fractions égales à la durée de la clause.

BIC Le régime général des plus ou moins-values professionnelles

Les opérations de cessions d'immobilisations constituent des opérations à caractère exceptionnel. Cette situation justifie un traitement fiscal différent de celui applicable aux opérations liées à l'exploitation et un retraitement extra-comptable.

1 Définition des plus-values et moins-values

1.1. Opérations générant une plus ou moins-value

Les plus-values et moins-values résultent de la sortie d'immobilisations inscrites à l'actif du bilan de l'entreprise. Les cessions, les dons, les échanges, les apports en société, les destructions, les expropriations, les mises au rebut, ou le transfert d'une immobilisation du patrimoine professionnel au patrimoine privé peuvent être génératrices de plus ou moins-values.

1.2. Détermination du montant de la plus ou moins-value

La plus ou moins-value est égale à la différence entre, d'une part, la valeur de cession du bien, et d'autre part sa valeur nette comptable (VNC).

Montant de la plus ou moins-value = Valeur de cession du bien – VNC du bien

Bien	Valeur de cession
Cession à titre onéreux	Prix de cession
Apport en société	Valeur des titres reçus
Expropriation	Indemnité d'expropriation
Donation ou succession	Valeur retenue dans l'acte
Reprise dans le patrimoine privé	Valeur vénale du bien
Mise au rebut	Nulle

Bien	VNC
Immobilisations non amortissables	Valeur d'origine du bien
Immobilisations amortissables	Différence entre la valeur d'origine du bien et le total des amortissements pratiqués

2 Qualification des plus-values ou moins-values

La qualification fiscale des plus ou moins-values repose sur deux critères :
– la nature de l'immobilisation et plus particulièrement son caractère amortissable ou non amortissable ;
– la durée de détention, supérieure ou inférieure à deux ans.

2.1. Le cas des immobilisations non amortissables

Lorsque l'acquisition du bien remonte à moins de deux ans, la plus ou moins-value dégagée est dite « à court terme ».
Dans le cas contraire, elle est qualifiée de plus ou moins-value « à long terme ».

2.2. Le cas des immobilisations amortissables

Dans l'hypothèse de la réalisation d'une plus-value, celle-ci est « à court terme » si l'acquisition remonte à moins de deux ans.

Dans le cas contraire, la plus-value est « à court terme » dans la limite des amortissements pratiqués sur le bien et à long terme pour le surplus. Dans l'hypothèse d'une moins-value, celle-ci est toujours à court terme.

Nature de l'immobilisation \ Durée de détention	< 2 ans	> 2 ans
Non amortissable	± value à CT	± value à LT
Amortissable	± value à CT	+ value à CT à concurrence des amortissements + value à LT pour le surplus – value à CT

3 Le traitement fiscal des plus-values et moins-values

3.1. Le principe de la compensation

Il faut effectuer la compensation algébrique entre les plus et moins-values de même nature. Cette compensation donne lieu à la constatation d'une plus ou moins-value nette à court terme et d'une plus ou moins-value nette à long terme.

3.2. Le traitement fiscal des plus et moins-values nettes à court terme

La plus-value nette à court terme est traitée comme un produit ordinaire, imposable au taux de droit commun applicable au foyer fiscal pour les BIC. Toutefois, le droit fiscal permet de l'étaler sur 3 ans sur demande de l'exploitant.

La moins-value nette à court terme est traitée comme une charge ordinaire, admise fiscalement en déduction des produits, et donc du résultat soumis à l'IR.

3.3. Le traitement fiscal des plus et moins-values nettes à long terme

La plus-value nette à long terme est soumise à une imposition allégée, au taux de 16 % (à ce jour), à laquelle il convient d'ajouter les prélèvements sociaux au taux de 15,5 %.

La moins-value nette à long terme vient en déduction des plus-values nettes à long terme constatées au titre des 10 exercices suivants. Elle est comptabilisée, mais non déductible fiscalement l'année de sa constatation : il faut la réintégrer pour obtenir le montant imposable à l'IR.

± values nettes	Régime fiscal	Retraitement
+ value nette à CT	Imposée sur la totalité à l'IR mais possibilité d'étalement sur 3 ans	Aucun retraitement
– value nette à CT	Charge déductible	Aucun retraitement
+ value nette à LT	Imposée à 16 % + prélèvements sociaux	À déduire du résultat fiscal global pour obtenir le montant soumis au taux allégé
– value nette à LT	S'impute sur les + values à LT des 10 exercices suivants	À réintégrer pour obtenir le résultat imposable à l'IR de l'exercice

BIC Les régimes particuliers des plus-values professionnelles

1 Les plus-values à long terme sur cession d'immeubles

Les plus-values à long terme réalisées depuis le 1er janvier 2006 sur les cessions d'immeubles inscrits à l'actif de l'entreprise, bénéficient d'un abattement de 10 % par année de détention au-delà de la 5e année. L'exonération est donc totale au bout de 15 ans. Si, après abattement, il reste une fraction de la plus-value à LT imposable, celle-ci peut être compensée avec les moins-values à LT de la période. S'il reste une plus-value nette à LT, ce solde est imposé au taux de 16 %.

2 Les plus-values ou moins-values sur cession de titres

2.1. Principe

Les titres inscrits à l'actif du bilan d'une entreprise individuelle soumise au BIC relèvent en cas de cession du même régime fiscal, quelle que soit leur inscription comptable. La qualification fiscale de la plus ou moins-value à long terme ou à court terme, différence entre le prix de cession et la valeur d'origine, dépend de la durée de détention :

Durée de détention < 2 ans	Durée de détention > 2 ans
± value à CT ± value à LT s'il existe dans le portefeuille des titres de même nature acquis depuis plus de 2 ans	± value à LT

2.2. L'évaluation des titres

Si les titres cédés sont de même nature, mais ont été acquis en plusieurs lots, à des dates différentes, l'évaluation de leur valeur d'origine s'effectue en utilisant la règle du « premier entré, premier sorti ».

Pour les titres de participation (titres acquis en vue d'exercer un pouvoir de contrôle, de direction ou de gestion), il est possible de retenir soit la méthode du « premier entré, premier sorti », soit la méthode du prix de revient moyen pondéré à condition qu'elle n'entraîne pas la constatation ou l'accroissement d'une moins-value à court terme.

2.3. Le régime fiscal des dépréciations sur titres

Les éventuelles dépréciations constatées en comptabilité à la clôture de l'exercice suivent le régime des moins-values professionnelles à long terme. Symétriquement, les reprises sont traitées comme des plus-values professionnelles à long terme.

3 Les plus-values sur cession de contrats de crédit-bail mobilier

Contrat souscrit depuis moins de 2 ans	Contrat souscrit depuis plus de 2 ans
+ value à CT	+ value à CT à hauteur des amortissements cumulés que le locataire aurait pu pratiquer s'il avait été propriétaire + value à LT pour le surplus

4 Les plus-values des petites entreprises relevant des BIC

Les plus-values de cession réalisées dans le cadre d'une activité artisanale, commerciale, industrielle (mais aussi agricole ou libérale), par des contribuables dont le chiffre d'affaires n'excède pas un certain montant, sont exonérées en tout ou partie. L'exploitant doit avoir exercé son activité depuis au moins 5 ans et le bien cédé ne peut être un terrain à bâtir.

Entreprise industrielle et commerciale de vente ou de fourniture de logement	**CA < 250 000 €**	Exonération totale
	250 000 € < CA < 350 000 €	Exonération partielle dégressive
Entreprise de prestations de services	**CA < 90 000 €**	Exonération totale
	90 000 € < CA < 126 000 €	Exonération partielle dégressive

5 Les plus-values consécutives à un sinistre ou une expropriation

5.1. La plus-value à court terme

La plus-value à court terme constatée à l'occasion du remboursement d'un sinistre (le sinistre a été constaté en charge) ou de l'encaissement d'une indemnité d'expropriation peut bénéficier d'un étalement d'imposition.

La durée de l'étalement correspond à la période d'amortissement déjà pratiquée sur le bien à la date du sinistre ou de l'expropriation, sans pouvoir excéder 15 ans. L'étalement est effectué à compter de l'exercice suivant celui au cours duquel la plus-value a été constatée.

Le montant à étaler est plafonné à la plus-value nette de l'exercice

5.2. La plus-value à long terme

La plus-value à long terme dégagée à l'occasion d'un sinistre ou d'une expropriation bénéficie d'un différé de paiement de l'impôt de 2 ans.

6 La cessation d'activité

6.1. Cession et transmission d'une PME

Les plus-values réalisées à l'occasion d'une transmission d'entreprise ou d'une branche complète d'activité (hors immeubles et terrains à bâtir) peuvent être exonérées totalement ou partiellement à condition que l'activité ait été exercée pendant au moins 5 ans et qu'il n'y ait pas de lien de dépendance entre les parties en cas de cession à titre onéreux.

6.2. Cession d'une entreprise individuelle pour départ à la retraite de l'exploitant

Les plus-values sur la cession des actifs non immobiliers sont exonérées d'impôt sur le revenu lorsque l'activité a été exercée depuis au moins 5 ans (sauf lien de dépendance). Ces plus-values restent toutefois soumises aux prélèvements sociaux.

BIC La déductibilité des charges décaissées ou décaissables

Les charges décaissées ou décaissables d'exploitation, financières ou exceptionnelles, enregistrées en comptabilité doivent répondre à un certain nombre de conditions pour être admises fiscalement en déduction. À défaut, une réintégration extra-comptable est nécessaire pour déterminer le résultat fiscal.

1 Les conditions générales de déduction

Pour être admises en déduction, les charges doivent :
- être engagées dans l'intérêt de l'entreprise (et non à titre personnel) ;
- se rattacher à une gestion normale de l'exploitation de l'entreprise ;
- se traduire par une diminution de l'actif net de l'entreprise ;
- être justifiées par une facture ou un document en tenant lieu ;
- être comptabilisées au cours de l'exercice au titre duquel elles ont été engagées ;
- ne pas être expressément exclues par une disposition fiscale ;
- ne pas être considérées comme une dépense somptuaire (yacht, chasse, etc.).

REMARQUE • Même si l'Administration n'est pas habilitée à s'immiscer dans la gestion des entreprises, il lui est possible de remettre en cause la prise en compte d'une charge ou le refus de percevoir une recette lorsque cette opération relève d'un acte anormal de gestion. Lorsque l'Administration fonde une rectification sur le caractère anormal d'un acte de gestion, elle doit en apporter la preuve.

2 Les achats

2.1. Les achats de marchandises, de matières premières et consommables

Les achats de marchandises, de matières premières, de matières consommables sont à prendre en considération et fiscalement déductibles dès lors qu'ils ont été effectués au cours de la période d'imposition et qu'ils ont fait naître une dette.
Pour le petit matériel, il est admis que ceux dont la valeur unitaire n'excède pas 500 € HT soient comptabilisés directement en charges (et non en immobilisation).

2.2. La valorisation des achats

Les achats sont enregistrés au coût d'achat hors taxe, sauf si l'entreprise n'est pas assujettie à la TVA ou si l'achat porte sur un bien pour lequel la TVA n'est pas déductible.

3 Les services extérieurs

3.1. Les loyers et les charges liées à la location

a) La location de locaux

Les loyers et les sommes versées lors de l'entrée dans des locaux professionnels ont le traitement comptable et fiscal suivant :

Loyers des locaux à usage professionnel	Charges déductibles fiscalement
Droit d'entrée, pas de porte	Immobilisation incorporelle
Dépôt de garantie	Immobilisation financière

b) La location de biens et de matériels

Les loyers sont déductibles sauf si les biens et matériels font l'objet de dispositions spécifiques restreignant leur caractère déductible (cas des véhicules de tourisme).

c) La location-gérance du fonds de commerce

Sont déductibles les redevances de location-gérance sous réserve qu'elles ne revêtent pas un caractère excessif (qu'elles ne dissimulent pas une cession du fond).

3.2. Les dépenses d'entretien et de réparation

Sont des charges déductibles les dépenses d'entretien et réparation engagées dans l'intérêt de l'exploitation pour maintenir ou remettre en état une immobilisation sans en augmenter la durée de vie. En revanche, les dépenses de réparation qui permettent de prolonger de manière durable la durée d'utilisation doivent être portées à l'actif immobilisé et ne peuvent constituer des charges.

3.3. Les primes d'assurance

Les primes d'assurance dont l'objet est de se prémunir des risques liés à l'exploitation sont déductibles (incendie, responsabilité civile, risque d'impayés, etc.).
Les primes des contrats « hommes clés », permettant de garantir l'entreprise contre la disparition d'un collaborateur indispensable, sont aussi admises en déduction.

3.4. Les honoraires et les commissions

Les sommes versées à titre d'honoraires et de commissions sont déductibles, sous réserve qu'elles ne revêtent pas un caractère excessif et qu'elles soient portées sur la déclaration annuelle des salaires (DADS ou DAS 2).

3.5. Les frais de recherche

Dépenses de recherche fondamentale	Comptabilisées en charges de la période → déductibles fiscalement
Dépenses de recherche appliquée	Au choix de l'entreprise : – soit comptabilisées en charges de la période déductibles ; – soit comptabilisées en immobilisations amorties en mode linéaire sur une période maximale de 5 ans.

3.6. Les dépenses informatiques

Dépenses d'acquisition de logiciels et de sites Internet	Comptabilisées en immobilisations avec la possibilité de pratiquer un amortissement linéaire sur 12 mois.
Dépenses de conception de logiciels et de sites Internet	Au choix de l'entreprise : – soit comptabilisées en charges de la période déductibles ; – soit comptabilisées en immobilisations amorties en mode linéaire sur une période maximale de 5 ans.

Dépenses de référencement et de fonctionnement	Comptabilisées en charges de la période déductibles fiscalement

3.7. Les cadeaux et la publicité

Par principe, les dépenses de cadeaux et de publicité constituent des charges déductibles. Les dépenses de cadeaux doivent toutefois correspondre à des usages courants, être réalisées dans l'intérêt de l'entreprise et ne pas présenter un caractère excessif. Enfin, pour être admises en déduction, les dépenses de publicité ne doivent pas être réalisées en contravention avec certaines dispositions légales.

4 Les impôts et taxes

Tout impôt ou taxe ayant un caractère professionnel est admis en déduction. Tel est le cas de : la contribution économique territoriale, la taxe foncière sur les immeubles appartenant à l'entreprise, les taxes assises sur les salaires, les droits d'enregistrement, la taxe sur les grandes surfaces.
N'ont pas un caractère professionnel, et ne sont donc pas déductibles : l'impôt sur le revenu payé par l'exploitant et ses autres impôts personnels.

5 Les dépenses de personnel

	Rémunération	Cotisations sociales
Le personnel	Déductible à deux conditions : – travail effectif – rémunération non excessive	Déductibles
L'exploitant	Non déductible	– Au titre des régimes obligatoires : déductibles – Au titre des régimes facultatifs : déductibles pour les contrats « loi Madelin » dans la limite de plafonds
Le conjoint salarié	– Régime de la séparation des biens : déductible – Régime de la communauté : déductible en cas d'adhésion à un centre de gestion agréé ; déductibilité limitée à ~~13 800~~ 17 500 € en cas de non-adhésion	Déductibles

6 Les charges financières

6.1. Le principe de la déductibilité des charges financières

Si les charges financières sont liées à des financements contractés pour les besoins de l'entreprise, celles-ci constituent des charges déductibles. Les charges d'intérêt déductibles correspondent aux intérêts courus lors de l'exercice, qu'ils soient échus ou non.

6.2. Le cas particulier de l'entreprise individuelle

Selon le principe général de déductibilité des charges, seules celles supportées à raison des besoins de l'entreprise sont admises en déduction.

Lorsque les prélèvements financiers opérés par l'exploitant sont supérieurs à ses apports (solde débiteur du compte de l'exploitant) et entraînent des découverts bancaires qui génèrent des intérêts, ceux-ci ne sont pas déductibles. La fraction des intérêts non admise en déduction est obtenue en effectuant le rapport entre le solde débiteur moyen du compte de l'exploitant au cours de l'exercice et le montant moyen des concours bancaires de l'entreprise.

6.3. Les pertes de change

Les pertes de change comptabilisées sont déductibles fiscalement.
L'ajustement effectué à la clôture de l'exercice en raison de pertes latentes de change est sans incidence sur le résultat comptable, mais fiscalement déductible. En revanche, le principe de prudence impose l'enregistrement en comptabilité d'une provision pour risques. Comptabilité et fiscalité prennent ainsi en compte cette éventuelle perte.

7 Les charges exceptionnelles

7.1. Les dons et les dépenses de mécénat

Les dons et les dépenses de mécénat réalisés sans lien avec l'exploitation font l'objet de dispositions spécifiques.

a) Les dons

Les dons au profit d'organismes ou d'œuvres d'intérêt général ne constituent pas des charges déductibles. Toutefois, ils ouvrent droit à une réduction d'impôt égale à 60 % des sommes versées à titre de dons. Le montant des dons ne peut excéder la limite de 5 ‰ du chiffre d'affaires de l'entreprise.

b) Les dépenses de mécénat 60% somme versées dans limite de 0,05/00

Les dépenses de mécénat correspondent à des dépenses d'investissement en œuvres d'art. Le coût total d'achat des œuvres d'artistes vivants, inscrites à l'actif immobilisé et exposées au public, constitue une dépense déductible sur l'année d'acquisition et les 4 années suivantes. La somme déduite chaque année est incluse dans l'enveloppe précédemment exposée des 5 ‰ du chiffre d'affaires.

7.2. Les amendes et pénalités

Les amendes et pénalités mises à la charge des entreprises qui n'ont pas respecté certaines dispositions légales ou réglementaires ne sont pas admises en déduction. Seules sont déductibles les pénalités ayant un caractère contractuel.

REMARQUE • Les abandons de créances à caractère commercial

L'entreprise qui consent l'abandon constate une diminution de son actif net. Conformément à la définition du résultat imposable résultant de l'article 38-2 du CGI, la variation négative de l'actif net constitue une charge déductible de l'entreprise, bien qu'il n'y ait pas décaissement mais abandon d'encaissement. Ainsi, l'abandon de créance à caractère commercial est admis en déduction pour l'entreprise qui le consent. En parallèle, c'est un produit imposable pour l'entreprise qui en bénéficie.

FICHE **11**

BIC La déductibilité des charges calculées : les amortissements

Les amortissements sont des charges calculées qui ont pour objet de constater la diminution de valeur des éléments de l'actif immobilisé en raison de leur utilisation dans le temps. Les entreprises doivent en premier lieu respecter les obligations comptables mais aussi prendre en compte la législation fiscale qui parfois diffère.

1 La définition de l'amortissement et des biens amortissables

1.1. La signification de l'amortissement

L'amortissement permet de répartir le coût d'un bien immobilisé sur sa durée d'utilisation prévue. Il mesure ainsi la consommation des avantages acquis par l'entreprise. La constatation d'un amortissement revêt un caractère obligatoire.

1.2. Les immobilisations amortissables

Selon le Plan comptable général, une immobilisation est un actif identifiable qui a une valeur économique positive pour l'entreprise. L'usage attendu de l'immobilisation amortissable est limité dans le temps car elle se déprécie par usure, par obsolescence ou en fonction de la durée d'une protection juridique (brevets). Une immobilisation susceptible de produire des avantages sans limitation de durée n'est pas amortissable (terrains, fonds de commerce) mais peut subir une dépréciation. La durée d'utilisation sert de critère à la période comptable d'amortissement.

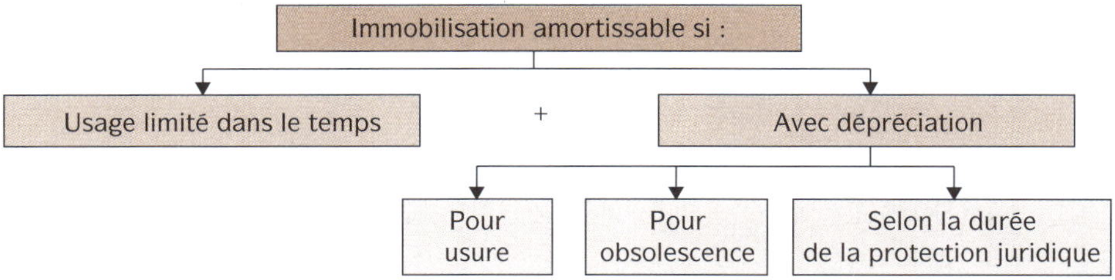

Les normes comptables sont parfois différentes des règles fiscales (en particulier sur la durée ou la base d'amortissement). Ces divergences donnent lieu à des réintégrations ou à des déductions extra-comptables et éventuellement à la création d'amortissements dérogatoires

1.3. Les conditions de déduction

L'article 39 B du CGI impose un amortissement minimum qui doit correspondre à l'amortissement linéaire.

Les amortissements ne sont admis en déduction que s'ils ont été constatés en comptabilité. À défaut ils sont considérés comme irrégulièrement différés et ne pourront plus faire l'objet d'une déduction pour la détermination du résultat imposable.

2 Le calcul de l'amortissement

2.1. Notion de composants

a) Les composants et la structure d'une immobilisation

Pour une immobilisation donnée, si les conditions d'utilisation des éléments qui la composent sont différentes, notamment en matière de durée d'utilisation, l'entreprise a l'obligation d'enregistrer distinctement en comptabilité ces différents éléments et de définir, pour chacun d'eux, un plan d'amortissement propre. Les différents éléments sont qualifiés de composants qui vont être amortis séparément de la structure principale (élément principal subsistant après décomposition).

b) Les caractéristiques d'un composant

La qualification de « composant » suppose :

– que le bien identifié ait une durée d'utilisation différente de l'immobilisation appréciée dans son ensemble, (inférieure à 80 % de la durée d'utilisation de l'immobilisation, mais supérieure à 12 mois) ;

– qu'il soit susceptible de devoir être remplacé régulièrement au cours de la durée d'utilisation de l'immobilisation ;

– qu'il ait une valeur significative. L'Administration fiscale précise que l'entreprise peut s'abstenir d'identifier des composants dont la valeur ne dépasse pas soit 500 € HT, soit 15 % du prix de revient total de l'immobilisation pour les biens meubles, soit 1 % du prix de revient total de l'immobilisation pour les immeubles.

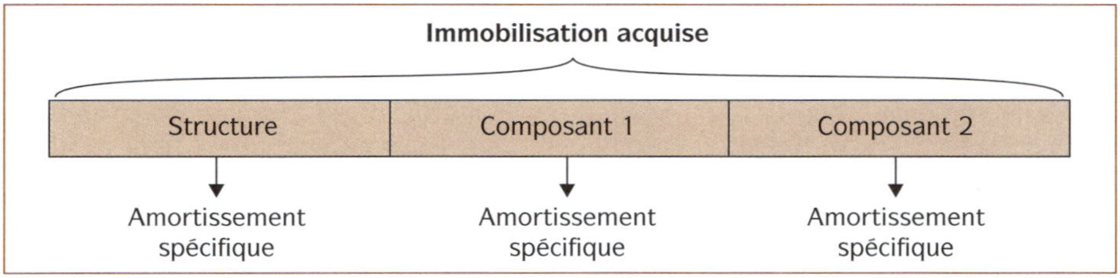

2.2. La base d'amortissement

a) Les immobilisations acquises

La base d'amortissement comptable d'une immobilisation acquise par l'entreprise est constituée par le coût d'acquisition de l'immobilisation ou du composant, diminué de sa valeur résiduelle si celle-ci est significative et mesurable.

• **Le coût d'acquisition** correspond au prix d'acquisition, majoré des droits de douanes, des frais de mise en service, des frais de livraison et de manutention et diminué des escomptes de règlement, des remises et rabais commerciaux. Le coût d'acquisition doit, le cas échéant, être majoré de la fraction de la TVA que l'entreprise ne peut déduire.

En cas d'acquisition à titre gratuit, l'immobilisation est enregistrée pour sa valeur vénale, conformément aux dispositions du Plan comptable général, et amortie sur la base de cette valeur vénale, diminuée de la valeur résiduelle de l'immobilisation.

• **La valeur résiduelle** correspond au montant que pourrait obtenir l'entreprise lors de la cession de l'immobilisation à la fin de la période d'utilisation.

EXEMPLE Prix probable sur le marché de l'occasion, prix de reprise prévu dans le contrat.

b) Les immobilisations produites

La base d'amortissement correspond au coût de production diminué de la valeur résiduelle de l'immobilisation.

L'immobilisation produite par l'entreprise est portée à l'actif pour son coût de production, c'est-à-dire le coût d'acquisition des matières, fournitures et services consommés, majoré des charges directes et indirectes de production.

c) Les conséquences fiscales

Pour l'Administration fiscale, l'amortissement doit être pratiqué sur la valeur totale du bien immobilisé. Le montant de l'amortissement qui n'a pas été pratiqué en comptabilité sur la valeur résiduelle va devoir être constaté sous forme d'amortissement dérogatoire pour respecter les règles fiscales :

Amortissement dérogatoire = Amortissement fiscal – Amortissement comptable

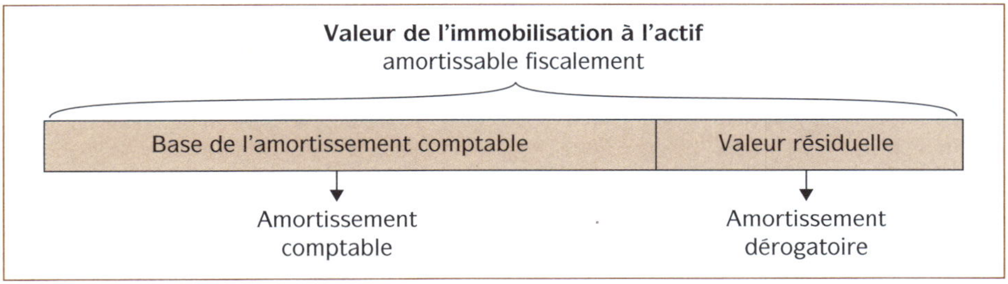

2.3. La durée d'amortissement

a) La durée comptable

En comptabilité, l'immobilisation doit être amortie sur la durée réelle d'utilisation prévue par l'entreprise, et non sur la durée de vie du bien. Cette durée réelle est propre à l'entreprise et ne correspond pas nécessairement à des données générales ou sectorielles.

b) La durée fiscale

Le Code général des impôts ne retient pas la même appréciation. La période d'amortissement doit correspondre à la durée d'usage communément admise pour le type de bien.

REMARQUE • Par mesure de simplification, les petites et moyennes entreprises sont autorisées à retenir, en comptabilité et en fiscalité, l'amortissement en fonction la durée d'usage pour les immobilisations non décomposables.

c) Conséquence pour les entreprises

Si la durée d'usage fiscalement à retenir est plus courte que la durée réelle d'utilisation prévue par l'entreprise, les amortissements comptables annuels sont inférieurs aux amortissements admis en déduction par l'administration fiscale. L'entreprise doit comptabiliser un amortissement dérogatoire pour respecter l'exigence fiscale (en particulier l'exigence fiscale d'amortissement minimal).

Lorsque la durée d'amortissement retenue par l'entreprise est inférieure à la durée d'usage, l'amortissement comptabilisé est supérieur à l'amortissement fiscalement déductible. L'excédent devra être réintégré au moment du calcul du résultat fiscal.

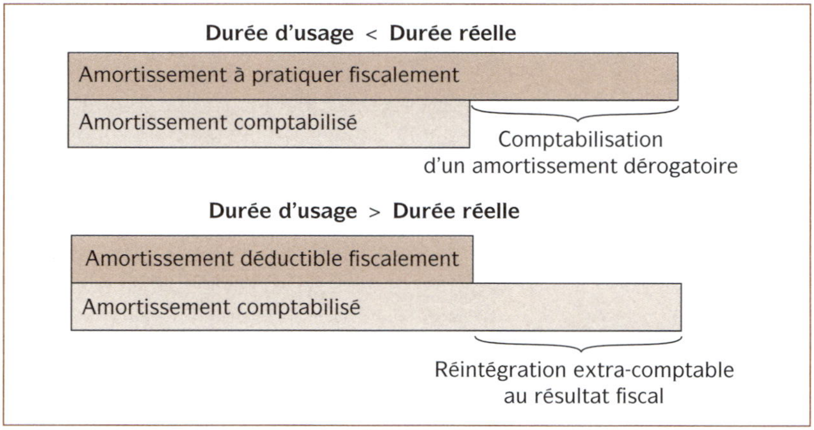

2.4. Les principales méthodes d'amortissement

L'entreprise doit choisir la méthode d'amortissement retenue qui correspond le mieux au rythme de consommation des avantages attendus des biens immobilisés. Fiscalement, aucune méthode n'est préconisée, mais un amortissement minimum est obligatoire (système linéaire). La date de début de calcul de l'amortissement est en général la mise en service.

Amortissement linéaire	Utilisé à défaut d'autres méthodes plus adaptées, il consiste à répartir uniformément l'amortissement calculé sur la valeur brute du bien (ou des composants), éventuellement diminuée de la valeur résiduelle, en fonction la durée d'utilisation du bien.
Amortissement dégressif	Système fiscal facultatif, il concentre l'amortissement du bien sur les premières années d'utilisation (taux linéaire multiplié par un coefficient applicable sur la valeur d'origine, puis chaque année sur la valeur restant à amortir). Les annuités d'amortissement sont ensuite décroissantes. Les biens qui peuvent en bénéficier sont précisés par la loi. La différence entre l'amortissement linéaire et l'amortissement dégressif est comptabilisée en amortissement dérogatoire.
Amortissement variable	Il correspond à la dépréciation effective, période par période, du bien immobilisé et prend en compte par exemple, le temps d'utilisation, la quantité produite, le nombre de kilomètres. Cet amortissement doit traduire exactement le rythme de dépréciation. L'écart entre l'amortissement comptable variable pratiqué et l'amortissement déductible fiscalement donnera lieu à la comptabilisation d'un amortissement dérogatoire ou à une réintégration extra-comptable.
Amortissement exceptionnel	Il consiste, pour certains biens, à opérer un amortissement fiscal sur une période de 12 mois à compter de leur mise en service. Le législateur a voulu ainsi favoriser certains types d'investissements (acquisition de logiciels, de sites Internet, de matériels destinés à économiser l'énergie, installations de sécurité, véhicules non polluants, immeubles antipollution par exemple).

BIC La déductibilité des charges calculées : les dépréciations des actifs

Les pertes latentes, dont le montant est suffisamment précis, mais dont la réalisation est incertaine, doivent, au nom du principe de prudence, être enregistrées en comptabilité sous forme de dépréciation. Ces dépréciations, qui constatent une perte de valeur éventuellement réversible d'un élément d'actif, viennent en diminution du résultat comptable de l'entreprise et sont admises fiscalement en déduction sous certaines conditions.

1 Conditions générales de déduction

1.1. Conditions de fond

Sont admises en déduction les dépréciations :
– qui correspondent à des pertes ou des charges probables et identifiables (nature, montant) et non éventuelles ;
– qui peuvent être évaluées avec une approximation suffisante (par une méthode statistique fiable) ;
– qui trouvent leur origine dans l'exercice en cours ;
– qui se rapportent à une perte ou à une charge elles-mêmes déductibles.

1.2. Conditions de forme

Sont admises en déduction les dépréciations qui ont fait l'objet d'une comptabilisation et qui ont été portées sur un état spécial de la liasse fiscale.

2 Les différentes catégories de dépréciations

2.1. Les dépréciations des immobilisations corporelles et incorporelles

a) La détermination de la valeur actuelle

Selon le Plan comptable général, à la clôture de l'exercice, l'entreprise doit procéder à un test de dépréciation pour vérifier si les indices internes ou externes ne laissent pas entrevoir une perte de valeur d'un bien. La valeur comptable nette (VCN) du bien (ou la valeur d'origine) est ainsi rapprochée de sa valeur actuelle (VA).
Le Plan comptable définit la valeur actuelle comme la valeur la plus élevée entre :
– la valeur vénale, qui est le montant qui pourrait être obtenu, à la date de clôture, de la vente du bien immeuble aux conditions normales du marché, et
– la valeur d'usage, qui est la valeur des avantages économiques futurs attendus de l'utilisation et de la sortie du bien.
Lorsque la valeur actuelle est inférieure à la valeur comptable nette, il y a lieu de constater une dépréciation.

Dépréciation = VCN – VA

b) Le cas des immobilisations amortissables

Dans ce cas, la perte de valeur est en principe comptabilisée par le biais de l'amortissement annuel. Mais il est possible de constater une dépréciation, en supplément de l'amortissement, si la valeur comptable nette calculée après avoir déduit tous les amortissements, y compris les amortissements dérogatoires, est supérieure à la valeur actuelle.

c) Le cas des immobilisations non financières non amortissables

Les terrains, fonds de commerce, etc. peuvent faire l'objet d'une dépréciation admise en déduction dès lors qu'il apparaît que leur valeur actuelle est inférieure à leur valeur d'origine (VO).

2.2. Les dépréciations des titres

Lorsque la valeur d'origine des titres est supérieure à l'évaluation effectuée à la clôture de l'exercice, une dépréciation est constatée en comptabilité. Cette dépréciation, qui diminue le résultat comptable, doit être réintégrée fiscalement car elle est soumise au régime des moins-values à long terme (même si la durée de détention est inférieure à 2 ans).

Titres de participation	Valeur d'origine – Valeur d'usage
Titres cotés	Valeur d'origine – Cours boursier moyen du dernier mois
Valeurs mobilières non cotées	Valeur d'origine – Valeur probable de négociation

2.3. Les dépréciations des stocks

Lorsque la valeur actuelle des stocks à la clôture d'un exercice est inférieure à leur valeur comptable, il convient de constater une dépréciation. D'un point de vue fiscal, cette dépréciation est admise en déduction.

Il existe toutefois une divergence entre comptabilité et fiscalité en matière de valorisation de la dépréciation. En comptabilité, les frais de commercialisation restant à engager peuvent être pris en compte pour le calcul de la dépréciation si l'entreprise le juge nécessaire. Ce n'est pas le cas en fiscalité ; une réintégration extra-comptable doit être effectuée.

2.4. Les dépréciations des créances

S'il existe un risque de non-recouvrement d'une créance bien individualisée à la clôture d'un exercice, il convient de procéder à sa dépréciation.

Une telle dépréciation comptable est admise fiscalement en déduction du résultat sous réserve du respect des conditions suivantes :

- le risque de non-recouvrement doit être probable ;
- la dépréciation doit porter sur le recouvrement de la créance (et non sur l'existence ou le montant de la créance elle-même) ;
- la dépréciation doit être évaluée sur la base du montant hors taxe de la créance ;
- la dépréciation peut être évaluée sur la base de données statistiques précises ;
- la dépréciation doit avoir été comptabilisée.

Enfin, si la créance est devenue irrécouvrable, il ne convient pas de constater une dépréciation mais une perte.

REMARQUE • À la clôture de l'exercice suivant, ces dépréciations font l'objet d'une nouvelle appréciation et peuvent être annulées si le risque à disparu, annulées si la perte s'est réalisée, ou modifiées en fonction de la nouvelle évaluation du risque.

FICHE 13

BIC Les provisions pour risques et charges et les provisions réglementées

Les pertes latentes non liées à des éléments de l'actif sont constatées en comptabilité par le biais de provisions pour risques et charges. En revanche, la notion de provision réglementée ne traduit aucune perte ou charge latente et ne constitue qu'une aide fiscale accordée à certaines entreprises.

1 Les provisions pour risques et charges

1.1. Définition

Une provision pour risques et charges est un élément du passif dont ni le montant ni l'échéance ne sont fixés de façon précise. Elle constitue une obligation juridique de l'entreprise ou un engagement à l'égard d'un tiers qui provoquera probablement une sortie de ressources sans contrepartie au moins équivalente attendue.

1.2. Les conditions générales de déductibilité

Sont admises en déduction, les provisions pour risques et charges qui respectent les conditions suivantes :
- correspondre à une obligation contractuelle ou un engagement envers un tiers ;
- correspondre à une sortie de ressource probable ;
- être évaluées avec une approximation suffisante ;
- trouver leur origine dans l'exercice en cours ;
- se rapporter à une perte ou une charge déductible ;
- avoir été comptabilisées et portées sur la liasse fiscale.

Déductibilité des provisions pour risques et charges comptabilisées si

- Obligation juridique ou engagement envers un tiers
- Sortie probable de ressources
- Évaluation suffisamment précise
- Se rapporte à une perte ou une charge déductible

1.3. Présentation des principales provisions pour risques et charges

Les provisions pour risques et charges peuvent être extrêmement variées quant à leur objet. Seules sont présentées ci-après les principales provisions.

a) Les provisions pour litiges

Les provisions pour litiges sont en principe admises en déduction lorsque le litige porte sur des charges elles-mêmes déductibles (litiges avec des clients, des concurrents, des salariés).

b) Les provisions pour pensions et charges de personnel

Les provisions pour charges de personnel peuvent être très variées : provisions pour congés payés, provisions pour indemnités de fin de carrière, provisions pour licenciement, provisions pour charges sociales, par exemple. Les dispositions fiscales sont diverses et définissent de façon précise pour chaque cas les conditions de déductibilité ou de non-déductibilité de ces provisions.

c) Les provisions pour garanties données aux clients

Les provisions pour garanties accordées aux clients revêtent un caractère déductible. Elles sont, le plus souvent, évaluées de manière statistique.

d) La provision pour perte latente de change

La perte latente est déductible fiscalement.

e) Les provisions pour impôts

Les provisions pour impôts sont admises en déduction dès lors qu'elles portent sur des impôts ou des taxes déductibles.

f) Les provisions pour gros entretien ou grandes révisions

Les provisions constituées dans le but de faire face à des travaux de gros entretien qui sont programmés revêtent un caractère déductible.

g) Les provisions pour pertes sur marchés à terme

S'il apparaît, à la clôture de l'exercice, qu'un contrat portant sur des travaux à long terme (s'étendant sur plusieurs exercices) s'avère déficitaire, il convient de constater la perte probable en comptabilité.
D'un point de vue fiscal, la déductibilité de cette provision est limitée au montant de la perte correspondant aux travaux déjà réalisés par l'entreprise.

2 Les provisions réglementées

Ces provisions sont constituées en vertu de dispositions fiscales permettant d'apporter une aide à certaines activités.

2.1. La provision pour hausse des prix

La provision pour hausse des prix a pour but d'aider les entreprises à financer le renouvellement de leur stock.
Elle peut être constituée dès que le prix des éléments en stocks à la clôture d'un exercice a connu une variation à la hausse de plus de 10 % par rapport à l'ouverture de l'exercice (ou de l'avant-dernier exercice).
Le montant de la provision correspond, pour chaque produit en stock, à la variation de prix supérieure à 10 %, multipliée par la quantité en stock à la clôture de l'exercice.
Les provisions pour hausse des prix figurent au passif à compter de leur constitution et pour une période de 6 ans. Au terme de cette période, la provision fait l'objet d'une reprise en comptabilité.

2.2. La provision pour crédit à moyen terme accordé à l'exportation

Les opérations d'exportation à crédit peuvent donner lieu à la constatation d'une provision en franchise d'impôt. Cette provision ne peut excéder 10 % du montant des crédits à moyen terme accordés.

14 BIC Les régimes d'imposition

Les modalités de détermination du résultat fiscal ainsi que les obligations fiscales déclaratives pesant sur les entreprises relevant des BIC diffèrent selon le montant de leur chiffre d'affaires hors taxe réalisé (hors opérations exceptionnelles), de la nature de leur activité et éventuellement de l'option exercée.

1 Champ d'application

Le régime d'imposition des entreprises dépend de leur chiffre d'affaires annuel hors taxe et de la nature de leur activité. Les seuils sont fixés par l'Administration et réévalués chaque année.

Activité de l'entreprise	Régime du réel normal	Régime du réel simplifié	Régime des micro-entreprises
Vente de marchandises, produits, etc.	CA HT > 789 000 €	82 800 € < CA HT < 789 000 €	CA HT ≤ 82 800 €
Prestations de services, locations meublées	CA HT > 238 000 €	33 100 € < CA HT < 238 000 €	CA HT ≤ 33 100 €
À la fois activité de vente et de prestations de services	CA HT > 789 000 € ou CA HT des prestations de services > 238 000 €	82 800 € < CA HT < 789 000 € ou CA HT des prestations de services entre 33 100 € et 238 000 €	CA HT ≤ 82 800 € ou CA HT des prestations de services ≤ 33 100 €

Les entreprises assujetties de plein droit au régime du réel simplifié peuvent opter pour le régime du réel normal.
Les entreprises assujetties au régime des micro-entreprises peuvent opter soit pour le régime du réel simplifié, soit pour le régime du réel normal.

2 Le régime du réel normal

Les entreprises relevant du régime réel normal d'imposition doivent chaque année souscrire auprès des services fiscaux une déclaration générale 2031. Cette déclaration fait ressortir le résultat fiscal catégoriel (bénéfices industriels et commerciaux) de l'exercice. Elle est accompagnée de différents tableaux, communément appelés « liasse fiscale » (2050 à 2059 E) comprenant les données comptables et fiscales.
Elle doit être, en principe, souscrite au plus tard début mai (date fixée par l'Administration).
Les contribuables qui utilisent une procédure de télétransmission disposent d'un délai supplémentaire de quinze jours. Enfin, il est fréquent que le délai butoir soit repoussé de quelques jours.

3 Le régime du réel simplifié

Les entreprises doivent souscrire la déclaration 2031 dans les mêmes délais que ceux applicables en matière de régime réel normal, accompagnée d'une liasse fiscale limitée à quatre documents comportant des informations comptables et fiscales moins détaillées.
Certains exploitants individuels peuvent être soumis de plein droit ou sur option au régime de la comptabilité « super-simplifiée » qui limite les obligations comptables. Les exploitants concernés peuvent pendant l'exercice enregistrer exclusivement les recettes encaissées et les dépenses payées (comptabilité de caisse). À la clôture de l'exercice, il leur faut constater les créances et les dettes pour passer à une comptabilité d'engagement et établir un bilan.

4 Le régime des micro-entreprises

Le législateur a prévu des modalités de détermination du résultat moins contraignantes pour les entreprises individuelles de très petite taille.
Pour les entreprises créées au cours de l'année, le seuil de chiffre d'affaires doit être ajusté au prorata du temps d'exercice de l'activité $\left(\frac{CA \times Nb\ jours\ d'activité}{365\ jours}\right)$.
Ces entreprises doivent par ailleurs bénéficier de la franchise en base de TVA ou être exonérées de TVA en raison de leur activité.
Sous ce régime, il n'est pas nécessaire de déposer une déclaration professionnelle de bénéfices au titre des BIC. Il suffit de porter directement sur la déclaration complémentaire de revenus (2042 C), le numéro SIRET, le montant du chiffre d'affaires réalisé dans le cadre des BIC et les éventuelles plus-values et moins-values, l'adresse du principal établissement et le nombre de salariés de l'entreprise.
Le bénéfice imposable est déterminé à partir du chiffre d'affaires diminué d'un abattement forfaitaire pour frais de 71 % pour les activités de ventes et de 50 % pour les activités de prestations de service.

REMARQUE • Les règles applicables aux auto-entrepreneurs

La loi de modernisation de l'économie de 2008 a instauré un régime spécifique qui soumet l'auto-entrepreneur (sur option) à un régime de versement libératoire (système forfaitaire). Celui-ci remplace le paiement de l'impôt sur le revenu et le paiement des cotisations sociales si le revenu global du foyer pour une part de quotient familial ne dépasse pas un certain montant annuel.
Ce versement libératoire pour le paiement de l'IR est fixé à 1 % du CA pour les activités de ventes et à 1,7 % des recettes pour les activités de prestations de services
Pour pouvoir prétendre au statut d'auto-entrepreneur, le chiffre d'affaires réalisé ne doit pas dépasser, pour une année civile complète, les seuils prévus pour les micro-entreprises.
L'auto-entrepreneur doit en outre être en franchise de TVA (pas de facturation, ni de récupération de TVA). **Certaines** activités sont exclues du régime auto-entrepreneur, notamment les activités relevant de la TVA immobilière, les locations d'immeubles nus à usage professionnel.
Le régime auto-entrepreneur ne peut pas être choisi lorsque l'activité est exercée dans le cadre d'un lien de subordination (par exemple, travail pour un seul client qui peut être assimilé à une activité salariée).

BIC Les centres de gestion agréés

Les centres de gestion agréés (CGA) sont des organismes créés sous forme d'association ayant reçu un agrément de l'Administration fiscale. Les entreprises qui choisissent d'y adhérer bénéficient d'avantages fiscaux en contrepartie du versement de leur cotisation et du respect de certaines obligations

1 Les centres de gestion

1.1. La création des centres de gestion

Les centres de gestion ont été créés sous forme d'association « loi 1901 » par :
- les chambres de commerce et d'industrie ;
- les chambres de métiers ;
- les chambres d'agriculture ;
- les experts-comptables et certaines sociétés membres de l'Ordre des experts-comptables ;
- certaines organisations professionnelles habilitées.

Ces centres de gestion sont agréés par l'Administration. Des personnels du service des impôts interviennent pour assurer aide fiscale et contrôle.

1.2. Le rôle du centre de gestion

Les centres de gestion apportent à leurs adhérents, imposés d'après un bénéfice réel (normal ou simplifié), assistance en matière de gestion (fourniture d'un dossier de gestion dans les 6 mois de la clôture), en matière juridique, en matière fiscale, en matière de formation.

Ils exercent le contrôle de la cohérence des déclarations qui leur sont fournies et doivent s'assurer de la régularité des déclarations, de leur vraisemblance et établir un compte rendu de mission adressé à l'adhérent et au centre des impôts.

1.3. Les conditions d'adhésion

Les entreprises individuelles ou les sociétés de personnes non soumises à l'impôt sur les sociétés qui exercent une activité commerciale, industrielle ou artisanale peuvent adhérer à un CGA, moyennant le versement d'une cotisation.

1.4. L'intérêt fiscal de l'adhésion

D'un point de vue fiscal, l'adhésion permet de bénéficier des avantages suivants :

a) La non-application d'une majoration de 25 % au bénéfice imposable

Le bénéfice imposable des entreprises non adhérentes d'un CGA est majoré de 25 % avant d'être soumis au barème progressif par tranches de l'impôt sur le revenu.

Les entreprises adhérentes d'un CGA pour un exercice considéré ne subissent pas cette majoration de leur bénéfice imposable. En cas de première adhésion, la dispense est accordée au titre de l'exercice en cours si l'adhésion intervient dans les 5 mois suivant l'ouverture de celui-ci.

Depuis le 1er janvier 2010, les bénéfices réalisés par les entreprises qui ont recours à un expert-comptable, à une société d'expertise comptable ou à une association de gestion et de comptabilité ayant signé une convention avec l'administration fiscale ne sont pas majorés de 25 %.

b) La déduction du salaire du conjoint

Le salaire du conjoint est intégralement déductible alors que pour les non-adhérents la déduction est limitée à 17 500 €.

c) La déduction des frais de tenue de comptabilité et d'adhésion

Pour les exercices comptables ouverts au 1er janvier 2016, les entrepreneurs adhérents bénéficient d'une réduction d'impôt pour frais de comptabilité de 915 €, dans la limite des 2/3 des dépenses de comptabilité engagées. → pour micro-BNC (recettes < 70 000 €)

d) Le délai de reprise

Ce délai est aligné, à compter de 2015, sur le délai de droit commun, c'est-à-dire qu'il passe ainsi de 2 à 3 ans.

e) La possibilité de régulariser sa situation fiscale

Dans les 3 mois de sa première adhésion à un centre de gestion, le nouvel adhérent peut déclarer spontanément les « erreurs » sur les déclarations précédentes. Si l'administration fiscale considère qu'il n'y a pas manœuvre frauduleuse et si elle n'a pas déjà engagé des poursuites, le rappel d'impôt s'effectuera sans majoration.

2 Les obligations liées à l'adhésion à un centre de gestion agréé

2.1. Les obligations applicables à l'ensemble des adhérents

Les adhérents doivent prendre l'engagement de fournir tous les éléments requis pour l'établissement du compte rendu de mission. Par ailleurs, les adhérents doivent accepter les règlements par chèques libellés à leur ordre et en informer la clientèle.
Lorsque la comptabilité est tenue hors du centre, elle doit être visée par un expert-comptable. À défaut, l'adhérent peut être exclu du centre de gestion.

2.2. Les obligations liées à l'absence de majoration du résultat

L'absence de majoration de 25 % du bénéfice est subordonnée au respect, par l'entreprise, des obligations suivantes :
- être soumise à l'impôt sur le revenu ;
- être imposée selon l'un des modes réels d'imposition ;
- exercer une véritable activité professionnelle ;
- avoir été adhérente pendant toute l'année ou tout l'exercice ;
- obtenir une attestation délivrée par le centre de gestion.

16 Les bénéfices non commerciaux

Les revenus provenant d'une activité libérale sont imposés dans la catégorie des bénéfices non commerciaux (BNC).

1 Les activités imposables dans la catégorie des BNC

Sont considérés comme provenant de l'exercice d'une profession non commerciale :
– les BNC professionnels : bénéfices des professions libérales et produits des charges ou offices dont les titulaires n'ont pas la qualité de commerçants ;

EXEMPLE Experts-comptables, médecins, avocats, architectes, infirmières libérales, dentistes.

– les BNC non professionnels : les revenus, par nature imposables, mais pour lesquels le Code général des impôts ne prévoit aucune autre catégorie ;

EXEMPLE Joueurs professionnels, voyants, guérisseurs, péripatéticiennes.

– les revenus tirés de la sous-location d'immeubles nus.

2 Les régimes d'imposition

Le régime d'imposition applicable aux BNC varie en fonction du montant des recettes générées par l'activité.

2.1. Le régime micro-BNC

Le micro-BNC est réservé aux contribuables dont l'activité professionnelle génère des recettes inférieures à 33 100 €.
Le résultat imposable est obtenu après déduction d'un montant forfaitaire de charges égal à 34 % des recettes (avec un minimum de charges de 305 €).
Ce résultat ne tient pas compte des plus-values ou moins-values qui restent imposables dans les conditions de droit commun, c'est-à-dire celles applicables aux bénéfices industriels et commerciaux (BIC).

2.2. Le régime de la déclaration contrôlée

Sont soumis de plein droit au régime de la déclaration contrôlée, les contribuables dont l'activité non commerciale génère des recettes supérieures à 33 100 €. Les contribuables relevant du régime du micro-BNC peuvent renoncer à celui-ci et opter pour le régime de la déclaration contrôlée.
Les bénéfices non commerciaux sont déterminés en prenant en référence l'année civile.
La règle générale consiste à déterminer le résultat imposable sur la base d'une comptabilité de caisse, mais les professionnels ont la possibilité d'opter pour une comptabilité d'engagement.
Lorsqu'ils n'ont pas opté pour une comptabilité d'engagement, les contribuables sont imposés à raison de la différence entre :
– les produits imposables constitués des recettes ou honoraires encaissés au cours de l'année, des commissions, intéressements, remboursement de frais et des produits financiers et exceptionnels perçus au cours de cette même période ;

– et les dépenses ayant un caractère professionnel, réglées au cours de l'année : loyers des locaux, cotisations aux ordres, charges sociales obligatoires, etc., ainsi que les amortissements des immobilisations affectées à l'exploitation.
Les dépenses mixtes, c'est-à-dire celles utilisées pour partie pour les besoins de l'activité professionnelle et pour partie pour les besoins personnels du contribuable, peuvent être admises en déduction, dans la limite de l'affectation professionnelle. Une clé de répartition ou un prorata sont appliqués pour déterminer la part professionnelle admise en déduction.

■ Les régimes d'imposition aux BNC

Régime micro-BNC	Régime de la déclaration contrôlée
– Recettes ≤ 33 100 € – Résultat obtenu par déduction des recettes d'un montant de charges évalué forfaitairement à 34 %	– Recettes > 33 100 € – Résultat calculé sur la base d'une comptabilité de caisse, sauf option pour une comptabilité d'engagement

REMARQUE • Le statut d'auto-entrepreneur est aussi applicable aux activités libérales dans les mêmes conditions que prévues pour les BIC. Le taux du prélèvement libératoire de l'impôt sur le revenu est fixé à 2,2 % des recettes (+ cotisations sociales).

3 Le régime de plus-values et moins-values de cession

Les cessions d'immobilisations affectées à l'exploitation d'une activité dont les revenus relèvent de la catégorie des BNC entraînent la réalisation d'une plus-value ou d'une moins-value professionnelle à court terme ou à long terme. Leur régime fiscal, sauf cas particuliers, est identique à celui des BIC (calcul, exonérations, taux, étalement).

4 L'imputation des déficits

Déficits des BNC professionnels	Déficits des BNC non professionnels
Sur les autres revenus du foyer fiscal de l'année et sur les revenus globaux des 6 années suivantes	Sur les BNC de même nature pendant les 6 années suivantes

5 L'adhésion à une association de gestion agréée

Les professionnels qui relèvent du régime de la déclaration contrôlée des BNC peuvent adhérer à une association de gestion agréée. Son fonctionnement est similaire à celui d'un centre de gestion agréé. L'adhésion a un double intérêt :
– elle permet de bénéficier d'une assistance en matière juridique, fiscale et de gestion ;
– elle ouvre droit aux mêmes avantages fiscaux que l'adhésion à un centre de gestion agréé, à savoir : réduction d'impôt, déductibilité totale de la rémunération du conjoint quel que soit le régime matrimonial, non-majoration de 25 % du résultat.

6 Les obligations déclaratives

Les contribuables doivent souscrire une déclaration 2035 avec deux annexes au plus tard le 30 avril de chaque année. Le résultat de la déclaration 2035 est reporté sur la déclaration 2042.

17 Les bénéfices agricoles

La plupart des revenus des exploitants agricoles relèvent de la catégorie des bénéfices agricoles (BA) pour leur activité directe ou pour quelques activités complémentaires rattachées fiscalement.

1 Les activités imposables dans la catégorie des BA

Les revenus agricoles sont issus de l'exploitation directe d'une propriété rurale, soit par le propriétaire lui-même, soit par un fermier (dans ce cas, le propriétaire est imposé dans la catégorie des revenus fonciers à raison des fermages reçus).
Les bénéfices agricoles recouvrent les revenus tirés essentiellement de la culture, de l'élevage, de l'exploitation forestière.
Les revenus tirés de la vente de biomasse ou d'énergie électrique produite à partir d'une exploitation agricole relèvent aussi de la catégorie des bénéfices agricoles.

2 Les différents régimes d'imposition

Les contribuables dont les revenus relèvent de la catégorie des BA peuvent être soumis, soit de plein droit, soit sur option, à trois régimes d'imposition en fonction du montant de leurs recettes. Ce montant est apprécié par référence à la moyenne des recettes TTC des 2 années précédentes.

2.1. Le Micro-BA

Sauf option pour un régime réel d'imposition, le régime du Micro-BA est applicable dès lors que la moyenne des recettes hors taxes d'une exploitation agricole calculée sur les trois dernières années qui précèdent l'année d'imposition reste inférieure à 82 800 €.
Le bénéfice imposable sera alors égal à cette moyenne triennale diminuée d'un abattement de 87 %, représentatif des charges supportées par l'exploitation.
Les recettes s'entendront des recettes directement tirées de la vente des produits agricoles, des subventions, primes et indemnités perçues à titre de supplément de prix ou destinées à compenser un manque à gagner ainsi que de la valeur des produits prélevés sur l'exploitation.

2.2. Le régime réel simplifié

Le régime réel d'imposition est réservé aux exploitants dont le montant moyen des recettes est compris entre 82 800 € et 352 000 € TTC, ainsi qu'à ceux qui ont renoncé au régime du forfait agricole.
Les règles applicables en matière de détermination du résultat sont assez similaires à celles des bénéfices industriels et commerciaux. Le principe est celui d'une comptabilité d'engagement.
Des règles particulières s'appliquent toutefois en matière de détermination de l'actif professionnel. Les terres peuvent être, sur option, maintenues dans le patrimoine privé, mais les autres biens affectés à l'exploitation font partie de l'actif professionnel.

Les contribuables doivent souscrire une déclaration 2139 comportant, outre la déclaration du résultat, quelques tableaux complémentaires :
– un tableau des immobilisations et des amortissements ;
– un bilan et un compte de résultat simplifié ;
– un tableau des provisions.
La déclaration doit être établie pour le 30 avril de chaque année (sauf report).
Par ailleurs, compte tenu de la variabilité importante des résultats en fonction, notamment, des conditions climatiques, les exploitants agricoles bénéficient de deux dispositifs :
– la moyenne triennale des résultats : ce dispositif permet au contribuable de demander à être imposé, non pas sur le bénéfice agricole de l'exercice, mais sur la moyenne des bénéfices agricoles de l'exercice et des 2 exercices précédents. L'option pour ce dispositif est exercée pour une période de 5 ans reconductible ;
– le régime des revenus exceptionnels agricoles : applicable depuis 2006, ce régime permet l'étalement de l'imposition des revenus exceptionnels sur une durée de 7 ans.

2.3. Le régime réel normal

Le régime réel normal d'imposition s'applique de plein droit aux contribuables dont les recettes excèdent la somme de 352 000 €, ainsi qu'aux contribuables ayant renoncé par option au régime réel simplifié ou au forfait.
Les règles de détermination du résultat sont les mêmes que celles applicables au régime réel simplifié.
Les obligations comptables et fiscales (déclaratives) sont plus lourdes que celles liées à l'application du régime réel simplifié. Les contribuables doivent souscrire une déclaration 2143 accompagnée de nombreux tableaux et documents annexes.

■ Régimes d'imposition des activités agricoles

Recettes TTC	Régime d'imposition
$\leq$ 82 800 €	Micro-BA
Entre 82 800 € et 352 000 €	Réel simplifié
$>$ 352 000 €	Réel normal

3 Les déficits agricoles

Le déficit catégoriel doit en principe s'imputer sur les bénéfices agricoles des autres membres du foyer fiscal.
À défaut, il peut venir en déduction des autres revenus du contribuable si ceux-ci sont inférieurs à un montant réévalué chaque année (107 826 €).
Si le revenu total du contribuable dépasse cette somme, les déficits ne peuvent s'imputer que sur les bénéfices agricoles des 6 années suivantes. Ce principe ne concerne que les contribuables exerçant à titre principal une activité relevant de la catégorie des BA.

4 L'adhésion à un centre de gestion

Les titulaires de revenus agricoles placés sous le régime du réel peuvent adhérer à un centre de gestion pour bénéficier des mêmes avantages que ceux attribués aux titulaires de bénéfices commerciaux et de bénéfices non commerciaux.

IS Le champ d'application et la territorialité

L'impôt sur les sociétés (IS) ne concerne pas toutes les sociétés de capitaux. En revanche, il est applicable à d'autres personnes morales et notamment certaines coopératives et associations en raison de dispositions fiscales. Certaines personnes morales peuvent opter pour cet impôt.

1 Le champ d'application

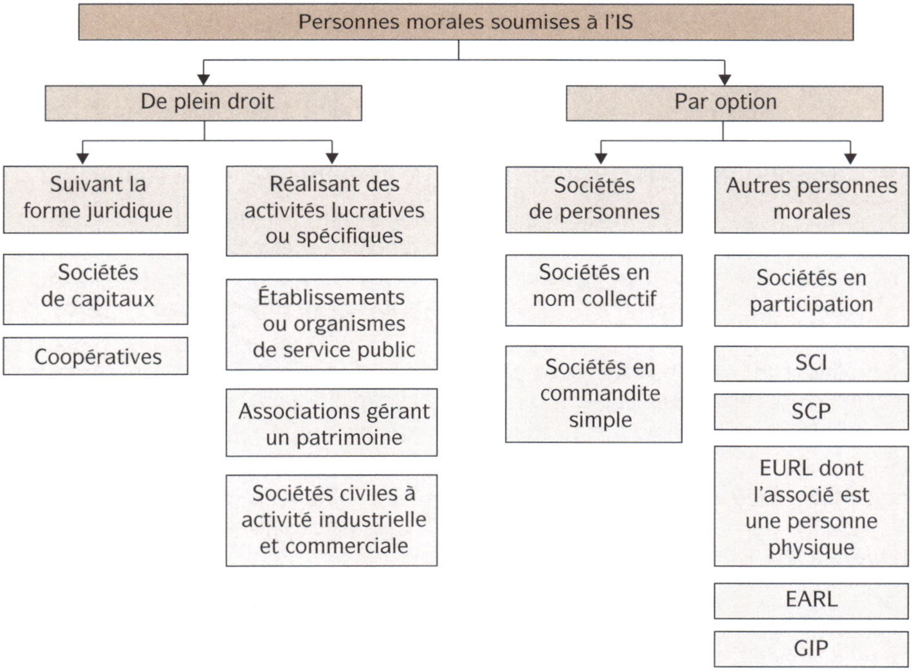

1.1. Les personnes morales soumises de plein droit à l'impôt sur les sociétés

a) En raison de leur forme juridique

Les sociétés de capitaux relèvent obligatoirement de l'impôt sur les sociétés. Il s'agit :
– des sociétés par actions, sociétés anonymes, sociétés par actions simplifiées, sociétés en commandite par actions ;
– des SARL, sauf les SARL de famille ayant opté pour l'impôt sur le revenu ;
– des sociétés en commandite simple, pour la part des bénéfices revenant aux commanditaires ;

– des EURL constituées par une personne morale.

Toutefois, certaines sociétés nouvellement créées peuvent échapper temporairement à l'impôt sur les sociétés.

Les sociétés coopératives entrent également dans le champ d'application de l'impôt sur les sociétés. Mais certains dispositifs de faveur leur sont applicables.

b) En raison de l'exercice d'une activité lucrative ou spécifique

L'article 206-1 du CGI impose obligatoirement à l'impôt sur les sociétés :

– les établissements publics ou semi-publics ;
– les organismes de l'État jouissant d'une autonomie financière ;
– certains organismes des départements et des communes ;
– et toutes autres personnes morales (y compris les associations), dès lors que ces entités réalisent des opérations à caractère lucratif.

c) En raison de la gestion d'un patrimoine

Les organismes à but non lucratif qui se contentent de gérer un patrimoine relèvent de plein droit de l'impôt sur les sociétés.

Ils bénéficient toutefois d'un régime de faveur consistant à limiter la base d'imposition et à appliquer un taux d'impôt réduit.

d) En raison de l'exercice d'une activité industrielle et commerciale

Les sociétés civiles qui réalisent des opérations à caractère industriel et commercial au sens des articles 34 et 35 du CGI sont obligatoirement soumises à l'impôt sur les sociétés.

e) En fonction de la qualité de l'associé

Le régime d'imposition des entreprises unipersonnelles à responsabilité limitée varie selon la qualité de leur associé unique. Celles dont l'associé unique est une personne morale relèvent de l'impôt sur les sociétés de plein droit.

1.2. Les personnes morales soumises à l'impôt sur les sociétés par option

Certaines personnes morales qui ne sont pas obligatoirement soumises à l'impôt sur les sociétés peuvent opter pour ce régime d'imposition. L'option est ouverte :

– aux sociétés de personnes : sociétés en nom collectif, sociétés en commandite simple ;
– aux sociétés en participation ;
– aux sociétés civiles immobilières ;
– aux sociétés civiles professionnelles ;
– aux entreprises unipersonnelles à responsabilité limitée dont l'associé unique est une personne physique ;
– aux exploitations agricoles à responsabilité limitée ;
– aux groupements d'intérêt public.

L'option est irrévocable et entraîne un changement de régime fiscal.

1.3. L'application partielle de l'impôt sur les sociétés

Dans les sociétés en commandite simple, l'impôt sur les sociétés s'applique à la part des bénéfices correspondant aux droits des commanditaires. Cette disposition s'applique même en l'absence d'option pour l'impôt sur les sociétés.

Les sociétés en participation (sociétés non immatriculées au Registre du commerce et des sociétés et ne disposant pas de la personnalité morale) sont imposables à l'impôt sur les sociétés à raison de la part des bénéfices correspondant aux associés autres que :

– ceux dont les noms et adresses ont été communiqués à l'administration fiscale ;
– ceux qui sont indéfiniment responsables.
L'impôt sur les sociétés est alors établi au nom du gérant connu des tiers.
Cette disposition s'applique même en l'absence d'option pour l'impôt sur les sociétés.

1.4. La renonciation à l'impôt sur les sociétés

a) Les SARL dites « de famille »

Les SARL de famille ont la possibilité de renoncer à l'impôt sur les sociétés en optant pour le régime des sociétés de personnes.
La SARL doit exercer une activité industrielle, commerciale, artisanale ou agricole et doit être constituée entre parents en ligne directe ou entre frères et sœurs. Les conjoints et les partenaires liés par un PACS entrent également dans le cercle familial.
L'option ne peut être exercée qu'avec l'accord de l'unanimité des associés. L'option est révocable mais une fois révoquée, elle ne peut être à nouveau exercée.

b) Les sociétés de capitaux nouvellement créées

Les sociétés de capitaux créées depuis moins de 5 ans peuvent opter, sous certaines conditions, pour le régime fiscal des sociétés de personnes. Cette option est exercée pour une période de 5 ans non renouvelable.
L'option est réservée aux sociétés de capitaux dont le capital et les droits de vote sont détenus à hauteur de 50 % au moins par des personnes physiques (34 % au moins devant être détenus par des dirigeants de la société).
Ces sociétés doivent :
– exercer une activité industrielle, commerciale, artisanale, agricole ou libérale ;
– employer moins de 50 salariés ;
– répondre à des conditions liées à un seuil de chiffre d'affaires annuel ou à un total de bilan (< 10 000 000 €).
L'option ne peut être exercée qu'avec l'accord à l'unanimité des associés.

2 Principe de territorialité

Le principe de territorialité permet d'imposer en France les bénéfices réalisés sur le territoire français quelle que soit la nationalité de la personne morale assujettie.
Inversement, les bénéfices réalisés à l'étranger par des entreprises françaises échappent à l'impôt sur les sociétés. En contrepartie, les pertes réalisées à l'étranger par des sociétés françaises ne peuvent être déductibles des bénéfices obtenus en France (sauf cas particulier des PME).
Le plus souvent, des conventions internationales permettent de gérer ces situations fiscales parfois complexes.

2.1. La localisation des bénéfices en l'absence de convention internationale

Trois critères permettent de rattacher un bénéfice réalisé par une société à l'État français :
– l'existence en France d'un établissement autonome et stable, constituant un centre de décision et réalisant une activité génératrice de profits ;
– l'existence d'un ou de plusieurs représentants (préposés) dépendant de la personne morale qui les emploie ;
– la réalisation en France d'opérations formant un cycle commercial complet.

■ Critères de rattachement du bénéfice fiscal à l'IS français

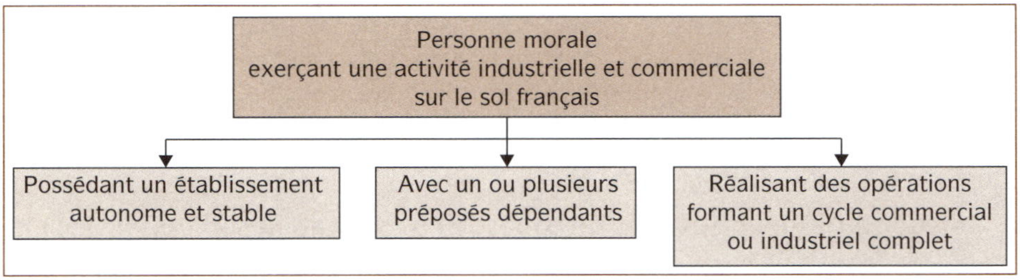

Lorsqu'une entreprise française crée à l'étranger une unité non autonome (non dotée de la personnalité juridique, une succursale par exemple), le résultat lui est rattaché. Mais chaque État impose les bénéfices réalisés sur son territoire. En l'absence de convention fiscale, ces bénéfices sont imposés à l'étranger et en France. Sous certaines conditions, les impôts payés à l'étranger deviennent des charges déductibles en France.

2.2. La localisation des bénéfices en cas de convention fiscale

En cas de convention fiscale avec un autre État :

– les bénéfices d'un établissement autonome et stable font l'objet d'une imposition exclusive dans l'État où cet établissement est situé. Cette imposition est déterminée et calculée selon la législation en vigueur dans cet État ;

– les bénéfices réalisés par un établissement non autonome situé à l'étranger sont imposés exclusivement dans l'État de résidence de la société propriétaire.

Les accords sont réciproques.

2.3. Les dérogations au principe de territorialité

a) Le bénéfice consolidé

Par dérogation au principe précédemment exposé, les sociétés françaises peuvent, après agrément ministériel, déterminer leurs résultats imposables selon le régime du bénéfice mondial et du bénéfice consolidé (au programme du DSCG).

Le bénéfice consolidé englobe les résultats des établissements étrangers non autonomes (succursales) mais aussi des établissements étrangers autonomes (filiales), sous réserve de détenir directement ou indirectement au moins 50 % des droits de vote, s'il s'agit de sociétés de capitaux.

b) Les déficits subis à l'étranger par des PME

Pour les exercices ouverts à compter du 1er janvier 2009, les sociétés françaises soumises à l'impôt sur les sociétés et dont l'effectif est inférieur à 2 000 salariés, peuvent, sous certaines conditions, déduire de leur résultat imposable les déficits subis par leurs filiales et succursales détenues directement à au moins 95 % et implantées dans un pays de l'Union Européenne ou dans un pays ayant conclu une convention fiscale avec la France.

À l'issue d'une période de 5 ans, ces déficits devront être rapportés au résultat imposable en France à concurrence des bénéfices réalisés par ces établissements.

FICHE 19

IS La détermination du résultat fiscal

Le résultat des sociétés soumises à l'IS est déterminé selon des règles identiques à celles utilisées pour obtenir le bénéfice imposable dans la catégorie des bénéfices industriels et commerciaux (BIC), sous réserve de quelques dispositions spécifiques.

Produits comptabilisés	–	Charges comptabilisées	=	Résultat comptable	±	Retraitements hors comptabilité	=	Résultat fiscal

1 Le retraitement fiscal des produits

Les règles sont identiques à celles appliquées dans le cadre des BIC, hormis trois cas particuliers :

1.1. Les revenus mobiliers

L'impôt étant établi sur l'ensemble des bénéfices ou revenus réalisés par les sociétés, les dividendes perçus et les produits des titres à revenu fixe demeurent compris dans le résultat imposable à l'impôt sur les bénéfices. En revanche :

– certains dividendes provenant de sociétés étrangères bénéficient d'un crédit d'impôt qui sera partiellement déduit de l'IS à payer (en cas de double imposition avec la France) ;

– les dividendes versés par une filiale (dont les titres sont détenus par une société mère depuis 2 ans pour au moins 5 % du capital de la filiale) peuvent, sur option pour le régime spécial, être exonérés à concurrence de 95 % de leur montant (à déduire des produits). Les 5 % restants correspondent à une quote-part forfaitaire de frais et charges.

1.2. Les gains de change latents

Les écarts nets d'évaluation sur les parts ou actions d'OPCVM, constatés en écart de conversion (compte 477) à la clôture de l'exercice, constituent des produits fiscalement imposables qu'il faut réintégrer au résultat fiscal.

1.3. Les plus-values

La plupart des plus-values réalisées par la société soumises à l'IS constituent fiscalement un résultat ordinaire (aucun retraitement).

Seules les plus-values résultant de la cession de titres de participation (et titres fiscalement assimilés) et les produits et plus-values se rapportant à la propriété intellectuelle relèvent du régime du long terme.

Exception	Régime fiscal	Retraitement
Sur les cessions de brevets, les concessions de licences	Taux de 15 %	Montant à déduire du résultat imposé au taux normal
Sur cession de titres de participation détenus depuis plus de 2 ans	Exonération à 88 %	88 % à déduire du résultat imposable au taux normal

Exception	Régime fiscal	Retraitement
Reprises sur provisions sur titres de participation	Exonération à 100 %	À déduire du résultat imposable au taux normal
Sur cession de titres de sociétés à prépondérance immobilière	Sociétés cotées : taux de 19 %	À déduire du résultat imposable au taux normal
	Sociétés non cotées : taux normal	Aucun retraitement

2 Le retraitement fiscal des charges

Les charges comptabilisées par les sociétés soumises à l'IS sont soumises aux mêmes conditions de déductibilité que celles des entreprises relevant des BIC, sous réserve de quelques dispositions spécifiques.

2.1. La rémunération des dirigeants et de leurs conjoints

La rémunération des dirigeants et de leurs conjoints, majorée des indemnités et allocations forfaitaires, est déductible à condition de correspondre à un travail effectif et de ne pas être excessive.

2.2. Les jetons de présence

Le montant global des jetons de présence alloués aux administrateurs au titre d'un exercice est admis fiscalement en charge déductible selon certaines limites :

Entreprise de moins de 5 salariés	457 € × Nombre d'administrateurs
Entreprise de 5 à 200 salariés	5 % de la moyenne des rémunérations brutes des 5 salariés les mieux payés × Nombre d'administrateurs
Entreprise de plus de 200 salariés	5 % de la moyenne des rémunérations brutes des 10 salariés les mieux payés × Nombre d'administrateurs

Montant alloué – Montant déductible fiscalement = Montant à réintégrer

2.3. Les intérêts des comptes courants

Les avances des associés en compte courant peuvent donner lieu à une rémunération sous la forme d'intérêts déductibles fiscalement dans certaines limites :

– lorsque le capital de la société n'est pas entièrement libéré, les intérêts servis aux associés ne sont pas déductibles fiscalement ;

– l'Administration fixe un taux maximal des intérêts déductibles versés aux associés. Il est égal à la moyenne annuelle des taux effectifs moyens pratiqués par les établissements de crédit, pour des prêts à taux variable aux entreprises d'une durée initiale supérieure à 2 ans. L'Administration publie chaque année ces taux en fonction des dates de clôture des exercices.

Intérêts versés – Intérêts déductibles fiscalement = Montant à réintégrer

IS La liquidation et le paiement

Les entreprises soumises à l'impôt sur les sociétés liquident elles-mêmes l'impôt et procèdent spontanément à son versement.

1 La liquidation de l'impôt sur les sociétés

L'impôt sur les sociétés est calculé en multipliant le résultat fiscal bénéficiaire de l'entreprise par le taux en vigueur.

1.1. La périodicité

L'exercice fiscal correspond à l'exercice comptable, année civile ou toute autre période de 12 mois. Cette période peut exceptionnellement être plus courte ou plus longue pour le premier exercice ou lors d'un changement de date de clôture.

1.2. Le taux de l'impôt

Taux de droit commun	33,33 %
Taux réduits applicables aux plus-values à long terme (lorsque celles-ci ne sont pas exonérées)	15 % ou 19 %

Le taux de droit commun sera ramené progressivement à 28 % au 1er janvier 2021.

■ **Cas des PME**

Sur la tranche du résultat imposable > 38 120 €	33,33 %
Sur la tranche du résultat imposable ≤ 38 120 €	15 %

1.3. Les crédits et réductions d'impôts

Les réductions et les crédits d'impôt s'imputent sur le montant brut calculé de l'impôt sur les sociétés.

Les crédits d'impôt sur les dividendes des sociétés étrangères (dans le cas où un impôt a déjà été payé à l'étranger) sont le plus souvent déduits à hauteur de deux tiers de leur montant (sur option de l'entreprise).

2 Le paiement de l'impôt sur les sociétés

Les entreprises soumises à l'impôt sur les sociétés procèdent spontanément à son versement après déduction des acomptes trimestriels payés au cours de l'exercice.

2.1. Les acomptes trimestriels

Les entreprises doivent verser quatre acomptes trimestriels au plus tard les 15 mars, 15 juin, 15 septembre et 15 décembre (exercice N).

La base de calcul des acomptes est le résultat du dernier exercice clos avant leur date d'échéance (exercice N–1). Lorsque ce résultat n'est pas encore connu au moment du calcul du premier acompte, la base retenue correspond au bénéfice de l'avant-dernier exercice (exercice N–2). Une régularisation est effectuée lors du versement du deuxième acompte.

2.2. Le calcul des acomptes

Chaque acompte est égal :

– à 8,1/3 % du résultat N–1 soumis au taux de 33,1/3 % ;

– à 3,75 % du résultat N–1 soumis au taux de 15 % (PME).

Les très grandes entreprises (plus de 500 millions € de chiffre d'affaires HT) sont soumises à des règles spéciales pour le calcul du dernier acompte lorsque l'IS estimé au titre de l'exercice est en augmentation par rapport à l'exercice précédent.

2.3. L'absence de versement d'acomptes

Lorsque l'impôt de l'exercice de référence n'excède pas 3 000 €, les acomptes ne sont pas exigibles. De plus, les entreprises nouvelles sont dispensées de verser des acomptes pendant leur premier exercice d'activité.

2.4. Le paiement de l'impôt sur les sociétés

Le versement du solde est effectué spontanément, au plus tard le 15 du quatrième mois qui suit la clôture de l'exercice N. Si les acomptes versés sont supérieurs à l'impôt dû, l'excédent est restitué dans les 30 jours.

3 Contributions additionnelles à l'IS

Les sociétés qui réalisent un chiffre d'affaires H.T. de plus de 7 630 000 € doivent acquitter la contribution sociale de 3,3 % de l'IS de référence diminué d'un abattement de 763 000 € par période de 12 mois.

La contribution exceptionnelle de 5 %, due temporairement au titre des exercices clos entre le 31/12/2011 et le 30/12/2016 s'applique aux entreprises qui réalisent au cours de l'exercice ou de la période d'imposition, ramenée à 12 mois le cas échéant, un chiffre d'affaires supérieur à 250 M€. L'assiette de cette contribution exceptionnelle correspond à l'impôt de référence

4 La contribution exceptionnelle

Les sociétés qui réalisent un chiffre d'affaires HT inférieur à 250 millions € doivent acquitter (temporairement) une contribution exceptionnelle, non déductible du résultat imposable, de 5 % sur le montant de leur IS de référence.

5 Le résultat déficitaire

5.1. Le report en avant des déficits

Ce report est limité à un plafond d'1 million €, majoré d'un montant égal à 50 % du bénéfice imposable de l'exercice excédant 1 million €. La fraction du déficit non imputée est reportable sur les exercices suivants.

5.2. Le report en arrière des déficits ou *carry-back*

Sur option, le déficit constaté au titre d'un exercice peut être reporté sur le bénéfice de l'exercice précédent dans la limite de la fraction non distribuée de ce bénéfice et pour un montant plafonné à 1 million €. La fraction du déficit non imputée est reportable sur les exercices suivants dans le respect des règles du report en avant.

L'imposition du résultat des sociétés de personnes

L'imposition du résultat réalisé par les sociétés de personnes s'effectue au niveau de chaque associé pour la part correspondant à ses droits dans l'entreprise. L'impôt est établi au nom des associés (principe de la transparence fiscale).

1 Le champ d'application

Les personnes concernées par l'imposition du résultat des sociétés de personnes sont énumérées aux articles 8 à 8 quinquies du CGI :

– les associés des sociétés en nom collectif (SNC) et les commandités des sociétés en commandite simple (si la société n'a pas opté pour le régime de l'IS) ;
– les membres des sociétés civiles dont l'activité ne génère pas des bénéfices industriels et commerciaux ;
– les membres des sociétés en participation ;
– les membres des SARL et EARL à caractère familial qui ont opté pour le régime fiscal des sociétés de personnes ;
– les associés des SA, SAS, SARL, non cotées, créées depuis moins de 5 ans qui sous certaines conditions ont opté pour le régime des sociétés de personnes ;
– l'associé unique, personne physique, d'une entreprise unipersonnelle à responsabilité limitée (EURL, EUARL) ;
– les associés des sociétés civiles professionnelles,
– les membres des copropriétés de navires et de cheval de course ou d'étalon.

2 La détermination du résultat fiscal de la société de personnes

2.1. Du résultat comptable au résultat fiscal

Le résultat fiscal est déterminé à partir du résultat comptable net réalisé, établi selon les principes correspondant à l'activité de la société de personnes, en prenant en compte, hors comptabilité, les retraitements des charges et des produits.

	Résultat comptable
+	Réintégration des charges comptabilisées non déductibles sur le plan fiscal (*exemple* : moins-value à long terme)
–	Déduction des produits comptabilisés déjà imposés ou imposés à un taux différent ou imposés ultérieurement (*exemple* : plus-value nette à long terme)
=	Résultat fiscal

2.2. Le résultat comptable net réalisé

La détermination du résultat net réalisé dépend de la nature de l'activité.

Nature de l'activité	Modalités de détermination du résultat
Bénéfices industriels et commerciaux	• Résultat = Produits imposables – Charges déductibles (art. 38.1 du CGI) ou Actif net de clôture – Actif net d'ouverture (art. 38.2 CGI) – Apports financiers des associés + Prélèvements financiers des associés • Principe des créances acquises et des dettes certaines • Comptabilité d'engagement
Bénéfices non commerciaux	• Résultat = Recettes totales de l'activité – Dépenses nécessitées par l'exercice de l'activité • Principe des recettes encaissées et des dépenses payées • Comptabilité de caisse (sauf option pour comptabilité d'engagement)
Bénéfices agricoles	• Résultat = Produits de l'exploitation agricole (issus de l'exploitation des biens ruraux et de la propriété ou de l'usufruit détenu sur ces biens) – Charges nécessaires à l'exploitation agricole • Principe des créances acquises et des dettes certaines • Comptabilité d'engagement (sauf régime du forfait)
Revenus fonciers	• Résultat = Recettes provenant de l'exploitation des biens immeubles – Dépenses nécessaires à cette exploitation pour conserver le bien. • Principe des recettes encaissées et des dépenses payées • Comptabilité de caisse

3 La répartition du résultat fiscal

Chaque associé est imposable en son nom propre, selon sa quote-part dans le capital de la société, dans la catégorie correspondant à l'activité (BIC, BNC, BA).

Résultat fiscal

↓

Déduction des charges liées aux avantages personnels des associés ou de certains associés (rémunération, frais personnels, part excédentaire des intérêts des comptes courants)

↓

Répartition du résultat fiscal restant (résultat commun à tous les associés) proportionnellement au nombre de parts de chacun d'eux dans le capital

↓

Réintégration des avantages personnels dans la quote-part des associés concernés

↓

Imposition de chaque associé sur sa quote-part à l'IR ou à l'IS

4 Les règles d'imposition des quotes-parts des associés

Régime fiscal de l'associé	Imposition de la quote-part
Société soumise à l'IS	Selon les règles applicables au bénéfice réalisé par l'associé
Entreprise relevant des BIC ou des BA au régime du réel de l'IR de plein droit	
Société de personnes ou groupement ayant pour activité la gestion de son patrimoine	Selon les règles de l'IS
Personne physique	À l'IR

FICHE 22 Les exonérations des bénéfices et crédits d'impôts

L'État adapte sa politique générale aux contraintes de l'économie moderne en utilisant le droit fiscal pour favoriser certaines activités ou certaines entreprises.

1 Les exonérations de bénéfice

L'État a mis en place diverses mesures d'exonérations d'impôt sur les bénéfices pour d'une part favoriser les activités stratégiques des entreprises et d'autre part développer l'emploi dans certaines zones très spécifiques.

1.1. Les exonérations favorisant des activités stratégiques

a) Le statut de jeune entreprise innovante (JEI)

Entreprises concernées	PME (moins de 250 salariés) créées depuis moins de 8 ans. Le capital est détenu pour au moins 50 % par des personnes physiques ou d'autres JEI. Les frais de recherche et de développement doivent représenter au moins 15 % des dépenses déductibles.
Avantages accordés	Exonération totale d'impôt sur le bénéfice durant 12 mois Exonération partielle (50 %) durant 12 mois Ces exonérations s'appliquent sur des exercices bénéficiaires qui peuvent ne pas être consécutifs.

b) Les pôles de compétitivité

Entreprises concernées	Entreprises et autres organismes publics ou privés de recherche et de développement qui s'installent sur des zones prédéfinies.
Avantages accordés	Exonération totale d'impôt sur le bénéfice durant 36 mois Exonération partielle (50 %) durant les 24 mois suivants Ces exonérations s'appliquent sur des exercices bénéficiaires qui peuvent ne pas être consécutifs sur une période de 120 mois. Ce régime est exclusif de tout autre mécanisme d'exonération.

1.2. Les exonérations favorisant l'emploi

a) Déduction des investissements réalisés par des sociétés dans le capital des entreprises implantées en ZFU

Les entreprises soumises à l'impôt sur les sociétés qui souscrivent en numéraire au capital de PME implantées dans les zones franches urbaines (ZFU) peuvent déduire de leur résultat fiscal la moitié de leurs versements dans la double limite de 0,5 % de leur chiffre d'affaires et de 25 % du capital de la PME (titres à conserver au moins 3 ans).

b) Les bassins d'emploi à redynamiser

Dans les territoires concernés, les activités industrielles, commerciales ou non commerciales (à l'exclusion des activités agricoles, de la location à usage d'habitation, du crédit-bail) bénéficient d'une durée d'exonération totale de 60 mois.

1.3. L'exonération des entreprises nouvelles

a) Le champ d'application (article 44 sexies du CGI)

Date de création	La date de création correspond à la date de début d'exploitation. L'exonération s'applique pour l'instant jusqu'au 31 décembre 2013.
Forme et régime d'imposition	Entreprises industrielles et commerciales (individuelles, sociétés de capitaux) imposées selon un régime réel d'imposition. Entreprises non commerciales constituées sous la forme de sociétés de capitaux.
Localisation géographique	Création dans une zone d'aides à finalité régionale (AFR), zone de redynamisation urbaine (ZRU), zone de revitalisation rurale (ZRR)
Nature de l'activité	Sont exclues les activités agricoles, civiles et de pêche maritime.
Caractère nouveau de l'activité	Sont expressément exclues du régime d'exonération les entreprises créées dans le cadre d'une concentration, d'une restructuration, d'une extension d'activités préexistantes ou qui reprennent de telles activités.
Détention du capital	Lorsque l'entreprise nouvelle est constituée sous forme de société, son capital ne doit pas être détenu, directement ou indirectement, pour plus de 50 % par d'autres sociétés.

b) La portée des allégements d'impôt sur le bénéfice

Nature des avantages	Exonération d'impôt sur le bénéfice (IR ou IS).
Montant des avantages	Exonération totale des bénéfices réalisés jusqu'au terme du 23e mois suivant celui de la création. Abattement de 75 %, 50 % et 25 % sur les bénéfices réalisés au cours de chacune des trois périodes de 12 mois suivantes.
Modalités d'application	Les bénéfices exonérés sont ceux déclarés dans les délais légaux.
Plafonnement des avantages	Maximum d'avantages fiscaux et autres de 200 000 € par période de 36 mois glissante (règlement communautaire)

1.4. L'exonération des entreprises qui s'implantent en ZFU

a) Le champ d'application (art. 44 octies du CGI)

Contribuables concernés	Toutes les formes d'exploitation et tous les régimes d'imposition. L'entreprise doit être une PME (moins de 50 salariés **et** un CA < 10 millions € **ou** un total bilan < 10 millions €). L'entreprise ne doit pas être détenue pour plus de 25 % par d'autres sociétés qui emploient plus de 250 salariés **et** qui ont un CA > 50 millions € **ou** un total bilan. > 43 millions €.
Nature de l'activité	Sont éligibles les activités industrielles, commerciales, non commerciales et artisanales. Sont exclues les activités non professionnelles, immobilières, la construction automobile et navale, le textile et le transport routier.
Localisation géographique	L'activité (locaux, salariés) doit être réellement implantée en zone franche urbaine (ZFU). Les entreprises créées en ZFU à compter du 01/01/2012 et qui emploient plus d'un salarié doivent satisfaire à la condition d'emploi d'au moins 50 % de salariés résidant en ZFU.

Bénéfices susceptibles d'être exonérés	Bénéfices déclarés dans les délais légaux, produits des actions, des cessions de titres, subventions, libéralités. Sont exclus : les abandons de créances, les produits de la propriété industrielle, ainsi que les produits hors de l'activité en ZFU.

b) Le montant et la durée des avantages

Montant et durée de l'avantage	Une période d'exonération totale d'impôt sur le bénéfice (IR ou IS) d'une durée de 60 mois à compter du début de l'exploitation.
	Une période d'exonération dégressive d'impôt (à compter de 2015) de : – 60 % pour les 12 mois qui suivent l'exonération totale ; – 40 % pour les 12 mois suivant l'exonération de 60 % ; – 20 % pour les 12 mois suivants.
	Le bénéfice exonéré est plafonné à 50 000 € par période de douze mois (majoré de 5 000 € par salarié embauché).

1.5. Les exonérations liées à la reprise d'activité et à la transmission d'entreprise

a) La reprise d'activité en difficulté (art. 44 septies du CGI)

Il existe une exonération totale de bénéfice pour une période de 24 mois au profit des sociétés qui reprennent une entreprise ou un établissement en difficulté. L'activité reprise doit être exclusivement industrielle et l'état de difficulté doit être avéré (procédures collectives…).

b) La transmission d'entreprise

Art. 238 quindecies	Exonération totale des plus-values de cession des PME dont la valeur n'excède pas 300 000 € ; partielle si valeur entre 300 000 € et 500 000 €.
Art. 151 septies A	Exonération des plus-values (CT et LT) en cas de départ à la retraite de l'exploitant. L'activité doit avoir été exercée pendant au moins 5 ans et le cédant ne doit plus travailler dans l'entreprise cédée.
Art. 150-0 A	Pour les sociétés soumises à l'IS, exonération des plus-values de cession des parts si la cession représente plus de 25 % du capital, si elle intervient dans le groupe familial (conservation des titres 5 ans).

2 Les crédits d'impôt au profit des entreprises

2.1. Les personnes pouvant bénéficier du crédit d'impôt

Peuvent bénéficier des divers crédits d'impôts, les entreprises soumises à l'impôt sur le revenu ou à l'impôt sur les sociétés exerçant une activité industrielle, agricole, commerciale ou non commerciale, à l'exclusion des activités libérales.

2.2. L'utilisation des crédits d'impôt

Les crédits d'impôt sont utilisés pour le paiement de l'impôt sur le revenu (des personnes physiques, entrepreneurs individuels ou associés de sociétés de personnes non soumises à l'IR) ou pour le paiement de l'impôt sur les sociétés de l'exercice. L'excédent est éventuellement remboursé.

2.3. Les différents crédits d'impôts

Crédit impôt recherche	– Concerne les entreprises industrielles, commerciales, artisanales ou agricoles imposées selon un régime réel qui effectuent des travaux de recherche fondamentale et appliquée et des travaux d'innovations. – Les dépenses à prendre en compte sont : les amortissements des immobilisations servant à la recherche, les frais de prise et de défense des brevets, les rémunérations (+ cotisations sociales) des chercheurs et techniciens, les dépenses de fonctionnement (évaluées à 50 % des dépenses de personnel précitées et à 75 % du montant de la dotation aux amortissements retenue). – Le crédit d'impôt se calcule par année civile. Son montant est égal à 30 % du montant des dépenses (20 % pour les PME) dans la limite de 100 millions d'euros (400 000 € pour les PME) et à 5 % pour les dépenses au-delà de 100 millions d'euros.
Crédit impôt pour la compétitivité et l'emploi (CICE)	À compter du 1er janvier 2013, les entreprises imposées selon un régime réel, quelle que soit la nature de leur activité, peuvent bénéficier d'un CICE calculé sur les rémunérations versées à leurs salariés. – Le crédit d'impôt est calculé sur le montant brut des rémunérations versées qui n'excède pas 2,5 fois le SMIC annuel. – Le CICE est calculé par année civile et son taux est de 6 % des rémunérations et de 7 % pour les rémunérations versées à compter du 1er janvier 2017. – Ce crédit d'impôt est imputé sur l'impôt dû et l'excédent éventuel constitue une créance sur l'État qui peut être utilisé pour payer l'impôt des trois années suivantes et restitué à l'issue de cette période.
Crédit impôt apprentissage	– Concerne les entreprises industrielles, commerciales, artisanales ou agricoles imposées selon un régime réel qui emploient des apprentis. – Le montant de ce crédit, calculé par année civile, s'obtient en principe en multipliant la somme de 1 600 € par le nombre moyen annuel d'apprentis dont le contrat a été conclu depuis au moins un mois.
Crédit d'impôt pour la formation du chef d'entreprise	– Concerne les entreprises industrielles, commerciales, artisanales ou agricoles imposées selon un régime réel qui engagent chaque année civile des dépenses pour la formation de leurs dirigeants. – Le crédit d'impôt est égal au produit du nombre d'heures passées par le chef d'entreprise en formation par le taux horaire du salaire minimum de croissance en vigueur. – Le crédit d'impôt est plafonné à 40 heures de formation par année.
Crédit d'impôt pour charges engagées au profit des familles des salariés	– Concerne les PME répondant aux conditions exigées pour le crédit d'impôt prospection qui engagent des dépenses pour financer des structures d'accueil pour les enfants des salariés ou qui versent des rémunérations aux salariés en congé parental, de paternité, d'éducation, etc. – Le crédit d'impôt est égal à 25 % des dépenses engagées (majoré de 50 % pour le financement des structures d'accueil) et plafonné à 500 000 €. Ce crédit s'impute sur l'impôt de l'année d'engagement des dépenses.

IR Les personnes imposables

L'impôt sur le revenu est payé par les personnes physiques ayant la qualité de résident français. Cet impôt progressif est assis sur l'ensemble des revenus des membres d'un foyer fiscal.

1 La territorialité de l'impôt sur le revenu

1.1. Les personnes visées par l'impôt sur le revenu

L'impôt sur le revenu est un impôt unique établi sur l'ensemble des revenus dont bénéficient les personnes physiques ayant leur domicile fiscal en France continentale, en Corse, dans les îles du littoral et dans les départements d'outre-mer.
Ces personnes sont soumises à cet impôt, sous réserve de l'application des conventions internationales, quelle que soit l'origine de leurs revenus (française ou étrangère).

1.2. Les résidents français au sens fiscal du terme

Sont considérées comme ayant leur domicile fiscal en France :
– les personnes qui ont en France leur foyer (résidence habituelle et permanente) ou leur lieu de séjour principal (+ 183 jours/an) ;
– les personnes qui exercent en France une activité professionnelle principale, salariée ou non ;
– les personnes qui ont en France le centre de leurs intérêts économiques, siège de leurs affaires, de leurs principaux investissements, de l'administration de leurs biens ;
– les fonctionnaires et agents de l'État en service à l'étranger dès lors qu'ils ne sont pas soumis, dans le pays d'exercice, à un impôt personnel sur l'ensemble de leur rémunération.

REMARQUE • L'article 4 B du CGI précise que les personnes n'ayant pas leur foyer fiscal en France y sont imposées pour leurs revenus de source française, essentiellement par le biais de retenues à la source. Si elles disposent uniquement d'habitations en France, elles sont imposées sur une base forfaitaire égale à trois fois la valeur locative des habitations.

2 Les règles d'imposition par foyer fiscal

2.1. Les principes

a) La notion de foyer fiscal

Le foyer fiscal se compose du contribuable lui-même, du conjoint ou partenaire de Pacs, des enfants célibataires de moins de 18 ans ou des enfants infirmes quel que soit leur âge et des personnes qui sur demande peuvent être considérées à charge.
Sont ainsi considérés comme à charge, les enfants célibataires majeurs ou ayant fondé un foyer distinct et qui ont demandé leur rattachement au foyer des parents (de moins de 21 ans ou de moins de 25 ans si étudiants) et les personnes, quel que soit leur âge, vivant sous le toit du contribuable et titulaires de la carte d'invalidité.

b) L'imposition commune

Le principe est l'imposition commune avec les enfants mineurs, pour les personnes mariées quel que soit leur régime matrimonial et pour les personnes pacsées. Toutefois, il existe certaines dérogations.

2.2. Les dérogations

a) Les impositions distinctes

Impositions distinctes facultatives	Le contribuable peut solliciter l'imposition distincte d'un enfant de moins de 18 ans et d'au moins 16 ans. Le contribuable a le choix entre porter l'enfant à sa charge et rattacher à son foyer fiscal les revenus de l'enfant, ou bien établir deux impositions distinctes.
Impositions distinctes obligatoires	– Pour les personnes séparées de bien et qui ne vivent pas sous le même toit. – Pour les personnes en instance de divorce lorsqu'elles ont été autorisées par le juge à avoir des résidences séparées. – Pour les personnes qui se placent dans la situation d'un abandon de domicile conjugal lorsqu'elles ont des revenus distincts (rupture non temporaire).

b) Les cas de rattachement de personnes à charge

Enfant majeur célibataire	– Âgé de moins de 21 ans. – Âgé de moins de 25 ans et étudiant. (Situation au 1er janvier de l'année d'imposition). Il s'agit d'une option irrévocable et annuelle.
Enfant ayant fondé un foyer distinct	Le rattachement est possible dans les mêmes conditions que pour les enfants majeurs célibataires. Il s'agit d'un rattachement global du foyer de l'enfant qui procure un avantage sous forme d'abattement sur le revenu imposable (5 738 € en 2016) par personne rattachée.
Enfant majeur orphelin et recueilli	L'option est possible à condition que l'enfant vive effectivement sous le même toit que celui qui l'a recueilli et que ce dernier assume réellement la charge de cet enfant.

2.3. La modification de situation du foyer fiscal

Mariage ou Pacs	Imposition unique pour le nouveau foyer quelle que soit la date du mariage ou la date de conclusion du Pacs (à compter des revenus de 2011).
Divorce ou séparation	Deux impositions distinctes (à compter des revenus de 2011).
Décès d'un conjoint ou partenaire de Pacs	Deux impositions et donc deux déclarations.

IR Le revenu imposable et la gestion des déficits

Le droit fiscal considère comme revenu imposable toutes les sommes ou produits qui se renouvellent ou sont susceptibles de se renouveler, y compris les plus-values. L'addition des différents revenus catégoriels nets donne le revenu net global annuel imposable, mais elle peut également faire apparaître un déficit global.

1 Les caractéristiques du revenu imposable

1.1. Un revenu global

Tous les revenus des membres du foyer fiscal sont pris en compte.

Traitements et salaires, pensions, rentes (TS) Rémunération de certains dirigeants de sociétés (DS) Revenus fonciers (RF) Bénéfices industriels et commerciaux (BIC) Bénéfices non commerciaux (BNC) Bénéfices agricoles (BA) Revenus capitaux mobiliers (RM) Plus-values des particuliers (PV)	L'addition des revenus nets catégoriels donne le **revenu global**.

1.2. Un revenu net

Le revenu imposable est l'addition des revenus nets catégoriels du foyer fiscal. Le revenu net catégoriel correspond à la différence entre le revenu brut et les charges déductibles engagées pour l'acquisition et la conservation de ce revenu. Il est déterminé selon les règles spécifiques à chaque revenu catégoriel.

EXEMPLE Abattement forfaitaire de 10 % sur les traitements et salaires.

Sont également imputés les différents déficits catégoriels.

EXEMPLE Certains déficits fonciers, les pertes sur valeurs mobilières.

1.3. Un revenu annuel

Un des grands principes de la fiscalité française est celui de l'annualité de l'impôt. Cela consiste à retenir l'ensemble des revenus dont a disposé le foyer fiscal au cours de l'année civile.

1.4. Un revenu disponible

D'une manière générale, le revenu est disponible dès qu'il peut être perçu par le contribuable.

EXEMPLE Pour un chèque, la disponibilité de la somme correspond à sa remise au contribuable et non à son encaissement effectif.

Pour les associés des sociétés de personnes et pour les contribuables exerçant une activité à titre individuel (BIC, BA, BNC), le résultat de l'entreprise est réputé disponible (bien qu'il n'ait pas encore été encaissé) à la date de clôture de l'exercice comptable même si celui-ci ne correspond pas à une année civile.

2 Les déficits catégoriels et le déficit global

2.1. Les principes

Pour chaque catégorie de revenu, la différence entre le revenu brut et les charges engagées pour acquérir ou conserver le revenu peut dégager un déficit catégoriel si le montant des charges est supérieur au montant des revenus.
Ce déficit catégoriel est imputé sur les autres revenus (ou déficits) catégoriels.
Cette imputation peut dégager un excédent (le revenu imposable) ou un déficit global.

2.2. Le report du déficit global

Dans le cas d'un déficit global, le contribuable n'acquittera pas l'impôt et pourra reporter ce déficit sur son revenu global durant les 6 années qui suivent. Le report s'effectue année par année, en commençant par les déficits les plus anciens.
Le report du déficit est de droit dès qu'il existe un résultat positif, quel que soit le montant de ce dernier.

2.3. Les dérogations

a) Une imputation limitée du déficit catégoriel sur le revenu global

Les déficits fonciers	Il s'agit des déficits fonciers avant prise en compte des intérêts d'emprunt contractés. Ils sont imputables sur le revenu global à concurrence d'un montant maximum de 10 700 € (uniquement pour les logements donnés en location au moins 3 ans). L'excédent se reporte avec les autres déficits fonciers. Dans les autres cas, l'imputation s'effectue sur les revenus fonciers des 10 années suivantes.
Les déficits agricoles	L'imputation des déficits agricoles ne peut pas être effectuée sur le revenu global net si celui-ci excède un certain montant (107 826 € pour 2016).

b) Une imputation du déficit catégoriel sur le revenu global impossible

Les pertes sur valeurs mobilières	Les plus-values et les moins-values sur cession de valeurs mobilières et de droits sociaux se compensent. S'il en résulte une moins-value nette, elle ne peut qu'être reportée sur les plus-values nettes de même nature réalisées au cours des 10 années suivantes. Aucune imputation sur le revenu global de l'année d'imposition n'est possible.
Les déficits non professionnels BIC et BNC	Le déficit généré par une activité BIC ou BNC exercée à titre non professionnel ne peut s'imputer sur le revenu annuel global du foyer fiscal. Il ne pourra être déduit que sur les bénéfices réalisés dans la catégorie des BIC ou BNC non professionnels durant les 6 années suivantes. Les activités industrielles et commerciales (BIC) ou non commerciales (BNC) exercées à titre non professionnel sont celles qui ne comportent pas la participation personnelle, directe et continue de l'un des membres du foyer fiscal.

FICHE **25**

IR La méthode de calcul

L'impôt sur le revenu est calculé par les services fiscaux, à partir du revenu net global imposable déclaré par le contribuable dans le cadre de son foyer fiscal.

1 Le revenu net global imposable

Revenu brut global = Somme des revenus nets ou déficits catégoriels du foyer fiscal

→

(–) Charges et abattements déductibles
- Les pensions alimentaires versées aux descendants et ascendants ;
- les frais d'accueil des personnes de + de 75 ans ;
- les souscriptions au capital des Sofipêche ;
- la CSG ;
- l'abattement en faveur des personnes âgées de plus de 65 ans ou invalides.

→

Revenu net global imposable du foyer fiscal

2 Le foyer fiscal du contribuable

L'imposition à l'IR s'applique à l'ensemble des revenus des personnes physiques composant le foyer fiscal : le contribuable, son conjoint et les personnes à charge.

2.1. Les personnes à charge

Sont considérées comme des personnes à charge :
– les enfants mineurs du contribuable ou infirmes, et ce quel que soit leur âge ;
– les enfants majeurs célibataires de moins de 21 ans (sans condition) ou de moins de 25 ans s'ils poursuivent des études ;
– les enfants majeurs ayant fondé un foyer distinct ou devenus orphelins et recueillis ;
– les personnes titulaires de la carte d'invalidité vivant sous le toit du contribuable.

2.2. Le décompte du nombre de parts du foyer fiscal

Situation familiale	Nombre de parts
Célibataires, divorcés, sans personne à charge	1 part
Mariés ou pacsés soumis à imposition commune sans personne à charge	2 parts
Pour chacun des deux premiers enfants mineurs ou rattachés	0,5 part
Pour chacun des enfants mineurs suivants	1 part
Pour les enfants majeurs rattachés ayant fondé un foyer distinct	Abattement 5 698 €
Pour chacun des enfants élevés par un célibataire, divorcé ou veuf	0,5 part
Pour chacun des enfants élevés par des divorcés en garde alternée	0,25 part par ex-époux
Pour les célibataires, divorcés ou veufs sans enfant à charge si : – ils ont un ou plusieurs enfants majeurs faisant l'objet d'une imposition distincte qu'ils ont élevés seuls plus de 5 ans ; – ils ont eu un ou plusieurs enfants qui sont décédés (ayant atteint 16 ans) ; – ils sont titulaires d'une carte d'invalidité ; – ils sont âgés de plus de 75 ans et possèdent la carte du combattant.	1,5 part
Pour chacun des enfants titulaires d'une carte d'invalidité	1 part

2.3. Le quotient familial

Le quotient familial dépend de la situation de famille du contribuable et du nombre de personnes à charge. Il permet d'atténuer la progressivité du barème de l'impôt.

$$\text{Quotient familial} = \frac{\text{Revenu net global imposable (R)}}{\text{Nombre de parts (N)}}$$

3 Le calcul de l'impôt brut

Il se détermine à partir d'un barème, annuel, qui s'applique sur le quotient familial.

	Tranche d'imposition	Taux d'imposition
Barème 2017 (revenus de 2016)	Jusqu'à 9 710 € De 9 711 € à 26 818 € De 26 819 € à 71 898 € De 71 899 € à 152 260 € Supérieur à 152 260 €	0 % 14 % 30 % 41 % 45 %

4 Le calcul de l'impôt net

Après vérification des effets du plafonnement familial, l'impôt brut est diminué de la décote, des réductions d'impôts et des crédits d'impôts pour obtenir l'impôt net.

4.1. Le plafonnement des effets du quotient familial

L'avantage procuré au foyer fiscal pour chaque demi-part supplémentaire par personne à charge est plafonné à : 1 512 € pour chaque demi-part ; 3 566 € pour les deux premières demi-parts, puis 1 512 € pour les demi-parts suivantes pour les parents isolés élevant seuls au moins un enfant ; 3 020 € pour chaque demi-part pour personne à charge invalide.

4.2. La décote

Les contribuables faiblement imposés bénéficient d'une décote quand leur impôt brut est inférieur pour 2016 à 1 552 € pour les personnes seules et 2 559 € pour les couples. La décote 2016 est égale à la différence entre 1 165 € (ou 1 920 € pour un couple) et 75 % du montant théorique de l'impôt.

4.3. La contribution exceptionnelle sur les hauts revenus

Cette contribution s'ajoute à l'IR, selon les taux suivants :

Fraction du revenu fiscal de référence	Célibataire, veuf, divorcé, séparé	Marié, pacsé (imposition commune)
≤ 250 000 € Entre 250 000 € et 500 000 € Entre 500 000 € et 1 million € > 1 million €	0 % 3 % 4 % 4 %	0 % 0 % 3 % 4 %

4.4. La réduction d'impôt pour les ménages à revenus modestes

Les contribuables dont les revenus du foyer fiscal sont inférieurs à 18 500 € pour la 1re part de quotient familial (célibataires, veufs ou divorcés) et à 37 000 € pour les 2 premières parts de quotient familial (mariés, pacsés) bénéficient pour leurs revenus 2016 d'une réduction de 20 % de leur impôt brut après décote. Ces limites sont augmentées de 3 700 € pour chacune des demi-parts suivantes. La réduction d'impôt est

IR Les réductions et crédits d'impôt

L'impôt sur le revenu brut peut être diminué des réductions et crédits d'impôts. Ces mécanismes législatifs visent à favoriser, d'une part, les investissements professionnels et immobiliers et d'autre part, les dépenses à caractère social.

1 Définitions

1.1. Les réductions d'impôts

Les réductions d'impôts viennent en déduction du montant brut de l'impôt dû au titre d'une année. Sauf exception, elles ne peuvent pas faire l'objet d'un remboursement en cas d'excédent.
Ces réductions d'impôts ne peuvent s'imputer sur des impositions à taux proportionnel (plus-values nettes à long terme et plus-values de cession de valeurs mobilières).

1.2. Les crédits d'impôts

Les crédits d'impôt sont des sommes qui s'imputent sur le montant de l'impôt brut au titre d'une année. Ils peuvent faire l'objet d'une restitution en cas d'excédent.

2 Les principales réductions d'impôt

Nature des réductions d'impôt	Conditions et avantages procurés
Souscriptions au capital des PME	**Montant** : 18 % du montant des versements effectués pour la souscription en numéraire au capital des PME (au sein de l'UE) soumises à l'IS et non cotées en bourse **Plafond** : 50 000 €/personne seule ; 100 000 €/couple
Souscriptions de parts de fonds communs de placement dans l'innovation	**Montant** : 18 % du montant des versements effectués au titre de l'année par des personnes physiques pour la souscription de parts de fonds communs de placement dans l'innovation (à conserver 5 ans) **Plafond** : 12 000 €/personne seule ; 24 000 €/couple
Investissements immobiliers locatifs dans le secteur du tourisme	Il s'agit de biens immeubles neufs ou achevés depuis 15 ans et réhabilités par des personnes physiques affectés à la location pendant une durée minimale de 9 ans. La réduction est imputable l'année de l'investissement et sur une période de 6 ans. **Montant** : 11 % pour les investissements réalisés entre le 1er janvier 2013 et le 31 décembre 2016. **Plafond** : 50 000 € ; 100 000 €/couple
Frais d'emploi d'un salarié à domicile	La réduction d'impôt est calculée de la même manière que le crédit d'impôt (aide à domicile), lorsque le contribuable n'a pas d'activité professionnelle.

Nature des réductions d'impôt	Conditions et avantages procurés
Frais de scolarisation des enfants à charge	Les contribuables ont droit à une réduction d'impôt. **Montant** : 61 € (collège) ; 153 € (lycée) ; 183 € (étudiant)
Prestations compensatoires versées en capital par décision de justice lors d'un divorce ou d'une séparation de corps	Les prestations compensatoires servies en capital à la place d'une pension alimentaire (argent ; attributions de biens) ouvrent droit à une réduction d'impôt. **Montant** : 25 % du montant versé **Plafond** : 30 500 €
Cotisations syndicales des salariés et pensionnés	**Montant** : 66 % des sommes versées **Plafond** : 1 % du revenu brut (hors option pour les frais réels)
Investissements locatifs dans des résidences meublées	Les personnes physiques qui investissent, en tant que loueur en meublé non professionnel, dans un bien immeuble neuf ou réhabilité, dans un établissement médico-social, dans des résidences pour personnes âgées ou handicapées, dans des résidences pour étudiants, dans des résidences de tourisme classées ont droit à une réduction d'impôts (engagement de location pour 9 ans) imputable sur une période de 9 années. **Montant** : 25 % du montant de l'investissement **Plafond** : 300 000 €

3 Les principaux crédits d'impôt

Nature des crédits d'impôt	Conditions et avantages procurés
Crédit d'impôt pour l'emploi d'une aide à domicile	Les contribuables qui utilisent à titre privé dans leur résidence principale les services d'employés déclarés bénéficient d'un crédit d'impôt lorsqu'ils ont une activité professionnelle. **Montant** : 50 % des dépenses effectivement supportées **Plafond** : 12 000 € majorés de 1 500 € par personne à charge (maximum 15 000 €)
Crédit d'impôt pour frais de garde de jeunes enfants	Les dépenses exposées par les contribuables pour la garde (hors de leur domicile) de leurs enfants de moins de 7 ans ouvrent droit à un crédit d'impôt. **Montant** : 50 % des dépenses effectuées **Plafond** : 2 300 € par an
Crédit d'impôt « développement durable »	Les matériaux d'isolation et de régulation thermique achetés pour une habitation principale achevée depuis plus de 2 ans ouvrent droit à un crédit d'impôt sur une période de 5 ans. **Montant :** de 10 % à 32 % du prix TTC suivant le matériel **Plafond :** 8 000 €/personne seule ; 16 000 €/couple
Crédit d'impôt pour les équipements spécifiques en faveur des personnes âgées ou handicapées	Il concerne les dépenses d'installation d'équipements sanitaires et d'élévateurs. **Montant :** 25 % du prix **Plafond :** 5 000 €/personne seule ; 10 000 €/couple

IR Les traitements, salaires, pensions et rentes

Les traitements et salaires correspondent aux revenus professionnels perçus par les contribuables liés à un employeur par un contrat de travail, ainsi qu'aux rémunérations et indemnités assimilées. Font aussi partie de cette catégorie de revenus, les pensions de retraite, les pensions d'invalidité, les pensions alimentaires, les rentes viagères.

1 Les traitements et salaires

1.1. Le champ d'application

a) Les revenus imposables

• Les rémunérations et primes versées à des personnes placées dans un état de subordination vis-à-vis de leur employeur.
• Les rémunérations versées, allouées aux titulaires de statuts particuliers :
– les artistes du spectacle, les journalistes, les représentants de commerce (VRP) ;
– les apprentis, les stagiaires, les assistantes maternelles.
• Les traitements des fonctionnaires (État et collectivités territoriales).
• Les revenus assimilés à des salaires :
– revenus des artisans pêcheurs, des travailleurs à domicile ;
– revenus des conjoints collaborateurs.
• Les avantages en nature octroyés par l'employeur avec une évaluation réelle ou forfaitaire.
• Les indemnités et autres allocations qui remplacent le salaire :
– les allocations de chômage, de préretraite ;
– les indemnités journalières.
• Les rémunérations versées aux gérants ou associés de sociétés soumises à l'impôt sur les sociétés de plein droit ou sur option : gérant non associé, gérant majoritaire (régime de l'article 62 du CGI).

b) Les revenus exonérés

• Le revenu de solidarité active (RSA).
• Les revenus de participation des salariés et les heures supplémentaires.
• Les prestations familiales et allocations logement.
• Les allocations inhérentes à l'emploi (mais non cumul avec les frais réels).
• Les revenus des étudiants lors des stages obligatoires de leur cursus (moins de 3 mois) et lors de travaux durant les vacances scolaires (moins de 3 Smic mensuels).
• Le salaire des apprentis dans la limite du Smic (le surplus est imposé).
• Les indemnités de départ à la retraite (à hauteur de 3 050 € si départ volontaire).
• Les indemnités de licenciement pour le montant de l'indemnité conventionnelle ou pour la totalité en cas de plan social.

1.2. Les charges déductibles du revenu brut

• Les cotisations versées à des régimes de retraite ou de prévoyance obligatoires.

- La contribution sociale généralisée (CSG) à concurrence de 5,1 % (sur les revenus du patrimoine) et 4,2 % ou 3,8 % (sur les revenus de remplacement, retraites, indemnités de Sécurité sociale, etc.).
- Les intérêts d'emprunts contractés pour souscrire au capital d'une société nouvelle ou pour participer à une opération de rachat d'entreprise. (Plafond : 15 250 € annuels sans dépasser 50 % du salaire annuel.)
- Les frais professionnels.

■ La déduction des frais professionnels

Déduction forfaitaire

Cette déduction couvre les frais de déplacement du domicile au travail, de restauration sur le lieu de travail, de documentation, de vêtements.
Montant : 10 % du montant du revenu.
Plancher : 426 € et 938 € pour les demandeurs d'emploi de longue durée
Plafond : 12 183 € (pour 2016).

OU

Déduction des frais réels

Le contribuable peut renoncer à la déduction forfaitaire pour déduire les frais réellement engagés, au cours de l'année d'imposition, pour l'acquisition et la conservation de ses revenus.

- Concernant les frais kilométriques de déplacement, le contribuable peut avoir recours au barème administratif qui couvre les frais de carburant, d'assurance, de dépréciation de pneumatiques, d'entretien et réparation. Les frais ainsi calculés sont intégralement déductibles si la distance entre le lieu de travail et le domicile n'excède pas 40 km et un aller-retour par jour (plafonné à l'usage d'un véhicule d'une puissance de 7 cv).
- Les allocations inhérentes à l'emploi sont dès lors imposables.

2 Les pensions de retraites et les rentes viagères

Nature	Commentaire	Imposition
Pensions de retraites	Versées en contrepartie d'une activité passée	Déduction forfaitaire de 10 % Plancher : 379 € Plafond : 3 715 €
Pensions d'invalidité	Versées en contrepartie de la réduction de capacité ou de la perte de gain	
Rentes viagères à titre gracieux	Versées par le débirentier au crédirentier sans contrepartie en vertu d'un acte de donation ou en vertu d'une décision de justice (victime d'accident)	
Rentes viagères à titre onéreux	Versées par le débirentier au crédirentier en contrepartie du versement d'une somme d'argent ou de la transmission d'un bien mobilier	Imposables pour une fraction de leur montant qui dépend de l'âge du crédirentier lors du premier versement

IR Les revenus des capitaux mobiliers

La fiscalité applicable aux revenus de capitaux mobiliers est complexe. D'une part, elle doit répondre à l'idéal de justice sociale, par une taxation supérieure aux revenus du travail. Mais d'autre part, elle doit éviter le départ à l'étranger de l'épargne, par des aménagements et des allégements.

1 Les revenus ayant la nature de dividendes

1.1. Les revenus concernés

Nature d'opération	Commentaires
Dividendes, acomptes sur dividendes et répartitions exceptionnelles	Il s'agit des formes les plus courantes de distribution, décidées en assemblée générale. Ces sommes sont prélevées sur les bénéfices de la société soumise à l'impôt sur les sociétés.
Distributions liées à une modification du capital	– Lors d'une réduction de capital, lorsque cette dernière s'accompagne d'une répartition des sommes au profit des associés. – Lors du rachat par une société de ses propres titres (sauf pour la partie plus-value). – Lors d'opérations d'amortissement du capital.
Distributions liées à la répartition du boni de liquidation	Lors de la liquidation d'une société, les associés perçoivent le boni réparti en franchise d'impôt à concurrence de leurs apports. En revanche, l'excédent est imposable en tant que revenu distribué.

1.2. Les modalités d'imposition

a) Le droit commun

Revenus bruts

↓

(–) Abattement proportionnel annuel — Cet abattement de 40 % est pratiqué sur le montant brut des sommes distribuées par des sociétés françaises ou étrangères. Il n'est pas plafonné.

↓

(–) Frais et charges déductibles — Frais exposés pour acquérir ou conserver le revenu et payés au cours de l'année : frais de garde des titres, de location de coffre.

↓

Revenu net imposable

b) L'imposition au barème progressif

Imposition des RCM au barème de l'impôt sur le revenu. Toutefois, ces revenus font l'objet d'un prélèvement à la source de 21 % qui n'a plus de caractère libératoire mais qui constitue un acompte d'impôt imputable à l'impôt sur le revenu imputable sur l'impôt dû de l'année suivante.

2 Les produits de placement à revenu fixe

Les produits de placements à revenu fixe sont soumis à l'impôt sur le revenu au barème général (sans abattement de 40 %) avec un prélèvement à la source au taux de 24 % qui constitue un acompte d'impôt imputable sur l'impôt dû de l'année suivante.
Toutefois il subsiste quatre cas de prélèvement forfaitaire libératoire en ce qui concerne :
– les produits des bons ou contrat de capitalisation (sur option du contribuable) ;
– les produits des bons anonymes (PFL obligatoire) ;
– les revenus des produits de l'épargne solidaire (PFL obligatoire) ;
– les produits versés dans un État ou territoire non coopératif (PFL obligatoire).

3 Les revenus exonérés

Certains produits d'épargne ne sont pas imposables à l'IR :
– les intérêts du livret A, des livrets jeunes et des livrets d'épargne populaire ;
– les primes des comptes d'épargne logement ;
– les intérêts du livret de développement durable ;
– les intérêts des livrets d'épargne entreprise.

IR Les revenus fonciers

Les ressources tirées de la gestion d'un patrimoine immobilier privé relèvent de la catégorie des revenus fonciers imposables dans le cadre du foyer fiscal.

1 Les revenus fonciers imposables

1.1. Les revenus qui relèvent de la catégorie des revenus fonciers

Sont concernés les revenus d'immeubles et propriétés foncières situés en France qui ne sont pas utilisés par leur propriétaire pour les besoins d'une entreprise, exploitation ou profession, et qui ne sont pas exonérés en vertu d'une disposition expresse de la loi.

Revenus imposables

- **Revenus des propriétés bâties**
  Maisons, appartements, bureaux, usines
- **Revenus des propriétés non bâties**
  Carrières, mines, tourbières, étangs, marais salants
- **Revenus accessoires**
  Location de droit d'affichage, de droit de chasse, concession du droit exploitation des carrières
- **Revenus de bail à construction**
  Le propriétaire d'un terrain en cède par contrat l'usage à un locataire tenu d'y édifier des constructions.
- **Revenus de bail à réhabilitation**
  Le preneur s'engage par contrat à réaliser des travaux d'amélioration sur l'immeuble du bailleur en vue de le louer à usage d'habitation.

Revenus exonérés

- Exonérations **permanentes** : Revenus des logements dont le propriétaire se réserve la jouissance (locaux d'habitation et leurs dépendances, bâties ou non bâties, occupés à titre principal ou secondaire).
- Exonérations **temporaires** : Location meublée de logements vacants situés dans une commune de moins de 5 000 habitants et sous condition, durant les 2 premières années.

1.2. Les revenus qui relèvent d'autres catégories de revenus

BIC	BNC	BA
Revenus de location d'immeubles inscrits à l'actif, d'établissements munis du matériel, de fonds de commerce.	Revenus tirés des locaux utilisés dans le cadre d'une activité BNC ainsi que de la sous-location d'un immeuble (non meublé).	Revenus des immeubles dépendant d'un domaine agricole, si le domaine est exploité par le propriétaire.

2 Les personnes imposables

Les revenus fonciers sont imposables au nom du propriétaire, personne physique ou personne morale, mais aussi au nom du propriétaire indivis (pour sa part) et de l'usufruitier :

Propriétaire indivis	Chaque indivisaire est imposable pour la part du revenu foncier net correspondant à ses droits dans l'indivision.
Usufruitier et nu-propriétaire	**Immeuble loué à un tiers** Revenus fonciers imposables au nom de l'usufruitier.
	Immeuble occupé par l'usufruitier L'immeuble n'est pas loué : pas de revenus fonciers.
	Immeuble occupé par le nu propriétaire À titre onéreux = revenus imposables au nom de l'usufruitier À titre gracieux = pas de location, donc pas d'imposition

3 L'imposition du revenu foncier

3.1. Le régime du microfoncier

Ce régime est applicable de plein droit aux contribuables dont le revenu brut foncier n'excède pas 15 000 €.
L'abattement sur les recettes brutes est de 30 %.
Le contribuable porte sur sa déclaration 2042 le montant des recettes brutes.
Il est possible de choisir l'option pour le régime du réel pour une période de 3 ans. Elle peut être renouvelée tacitement pour 1 an.

a) Le calcul du revenu brut foncier

L'ensemble des revenus bruts fonciers du foyer fiscal sont considérés pour leur montant hors taxes (pour les redevables de la TVA). Toutes les sommes encaissées au cours de l'année d'imposition, y compris les loyers encaissés d'avance ou arriérés, sont prises en compte.

b) Les cas d'exclusion du régime du microfoncier

– Les monuments historiques.
– Les logements bénéficiant d'un dispositif spécial.
– Les logements loués suite à mutation professionnelle.
– Les parts de SCI.

3.2. Le régime du réel

a) Le revenu foncier net

Le revenu foncier net est obtenu par différence entre le revenu brut foncier encaissé et l'ensemble des dépenses (frais et charges déductibles) payées.

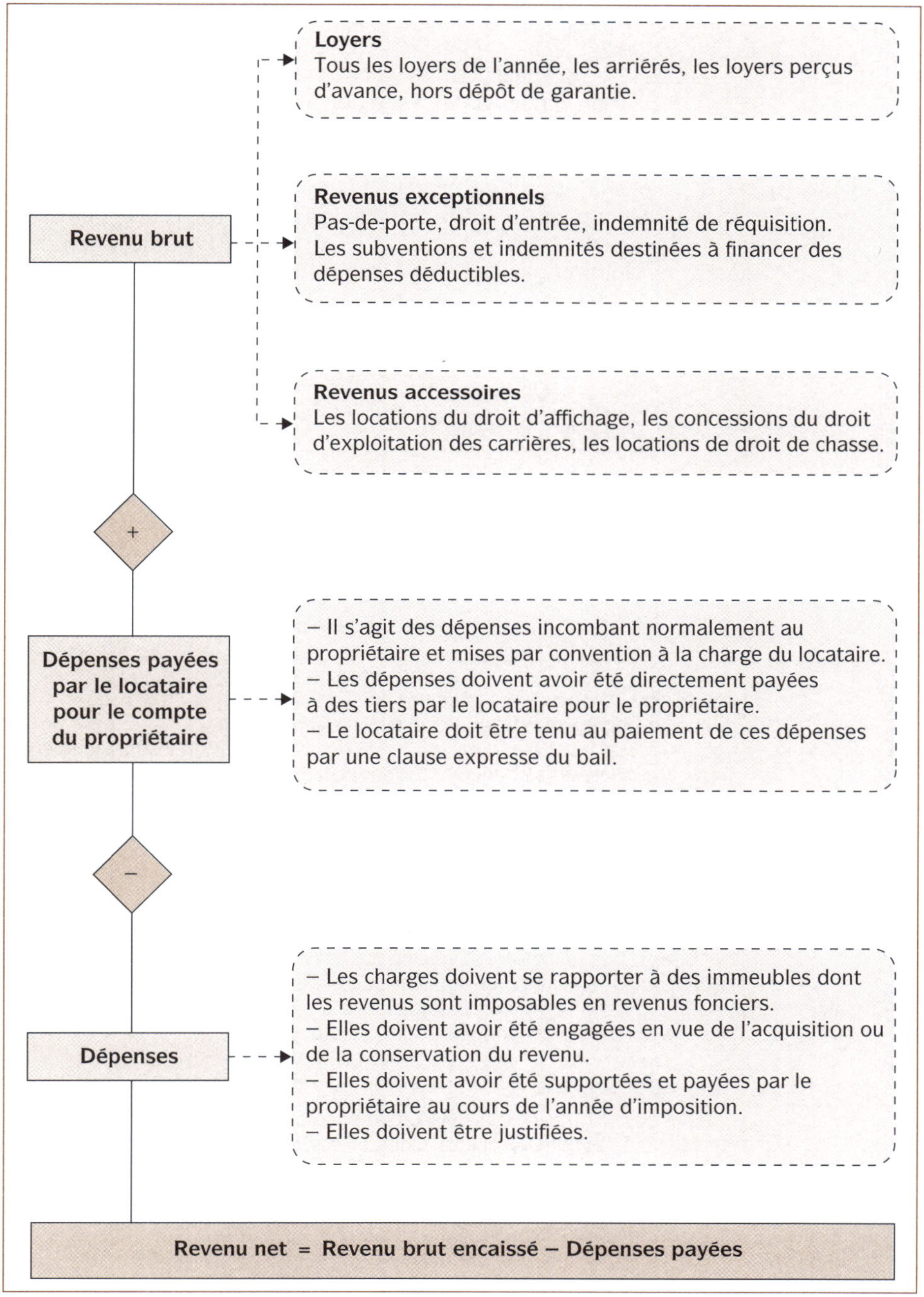
Revenu brut
Loyers
Tous les loyers de l'année, les arriérés, les loyers perçus d'avance, hors dépôt de garantie.
Revenus exceptionnels
Pas-de-porte, droit d'entrée, indemnité de réquisition.
Les subventions et indemnités destinées à financer des dépenses déductibles.
Revenus accessoires
Les locations du droit d'affichage, les concessions du droit d'exploitation des carrières, les locations de droit de chasse.
+
Dépenses payées par le locataire pour le compte du propriétaire
– Il s'agit des dépenses incombant normalement au propriétaire et mises par convention à la charge du locataire.
– Les dépenses doivent avoir été directement payées à des tiers par le locataire pour le propriétaire.
– Le locataire doit être tenu au paiement de ces dépenses par une clause expresse du bail.
–
Dépenses
– Les charges doivent se rapporter à des immeubles dont les revenus sont imposables en revenus fonciers.
– Elles doivent avoir été engagées en vue de l'acquisition ou de la conservation du revenu.
– Elles doivent avoir été supportées et payées par le propriétaire au cours de l'année d'imposition.
– Elles doivent être justifiées.
Revenu net = Revenu brut encaissé – Dépenses payées

b) L'analyse des dépenses en matière de revenus fonciers

Type de dépenses	Commentaires	Déductibilité
Dépenses d'entretien et de réparation	– Entretien, maintien en l'état du bien. – Conservation du bien. – Remise en état du bien. *Exemples* : remplacement de chaudière, remise en état de toiture, ravalement.	Oui
Dépenses d'amélioration	– Apport d'un élément ou d'un équipement de confort nouveau. – Adaptation d'un local aux conditions de vie modernes sans modifier sa structure. *Exemples* : installation du chauffage central, d'un ascenseur, de sanitaires, réfection de l'installation électrique.	Oui
Dépenses de construction, de reconstruction, d'agrandissement	– Création de locaux d'habitation par transformation de locaux affectés précédemment à un autre usage. – Modification importante du gros œuvre, des aménagements internes. – Augmentation du volume et de la surface habitable. *Exemples* : démolition et reconstruction de murs, d'étages et de combles, modifications importantes de la structure interne.	Non

c) Le paiement des contributions sociales

Contribution sociale généralisée (CSG)	Taux de 8,20 % Déductible à hauteur de 5,1 % du revenu imposable de l'année
Contribution pour le remboursement de la dette sociale (CRDS)	Taux de 0,50 %
Prélèvement social	Taux de 4,5 %
Contribution additionnelle	Taux de 0,3 %
Prélèvement de solidarité	Taux de 2 %

d) L'imposition du résultat

Les revenus fonciers sont déterminés sur l'annexe 2044 qui est expédiée avec la déclaration d'ensemble 2042.

Le revenu foncier net positif s'ajoute au revenu global du foyer fiscal.

Le déficit foncier est en principe reportable sur les revenus fonciers des 10 années suivantes. Il peut être déduit du résultat global du foyer fiscal dans la limite de 10 700 € s'il provient de logements donnés en location au moins pendant 3 ans et pour la partie qui ne résulte pas de la déduction des intérêts d'emprunt.

FICHE 30 IR Les plus-values des particuliers

Les plus-values réalisées par les particuliers lors de la cession de certains biens immobiliers ou mobiliers et de valeurs mobilières de leur patrimoine privé sont imposables à l'impôt sur le revenu selon des régimes spécifiques. Depuis 2004, ce sont les notaires qui sont chargés de liquider l'imposition des plus-values immobilières.

1 Le principe de l'imposition des plus-values

Donne lieu à la détermination et à l'imposition d'une plus ou moins-value :

la cession à titre onéreux…	• Vente, échange, expropriation. • Partage avec soulte. • Cession de parts de société à prépondérance immobilière. Conséquence : exonération des plus-values latentes et des plus-values résultant de cession à titre gratuit.
… d'un bien meuble ou immeuble…	• Immeubles bâtis ou non bâtis et droits sur ces immeubles. • Biens meubles (chevaux, bijoux…) dont le prix de cession est supérieur à 5 000 €. • Titres des sociétés à prépondérance immobilière.
… par une personne physique…	• Particuliers. • Sociétés de personnes passibles de l'IR exerçant une activité non professionnelle. La plus-value est calculée par la société mais imposée au nom des associés.
… dans le cadre de la gestion privé du patrimoine.	Exclusion des plus-values professionnelles, sauf pour : – les cessions d'immeubles des loueurs en meublés non professionnels ; – les cessions des terres et bâtiments agricoles inscrits à l'actif d'une exploitation agricole.

2 Les plus-values sur cession d'immeubles

2.1. Les exonérations

Les plus-values immobilières sont exonérées :

– lors de la cession de son habitation principale ;

– lors de la cession d'immeuble dont le prix est inférieur à 15 000 € ;

– lors de la cession d'immeubles détenus depuis plus de 22 ans (impôt sur le revenu) et de plus de 30 ans (prélèvements sociaux) ;

– lors de cessions réalisées par les titulaires de pensions de vieillesse ou d'invalidité non passibles de l'impôt de solidarité sur la fortune (ISF) ;

– lors de la cession d'un logement autre que l'habitation principale sous condition de réemploi ;

– lors de l'échange d'immeubles dans le cadre d'opérations de remembrement.

2.2. Le calcul de la plus-value

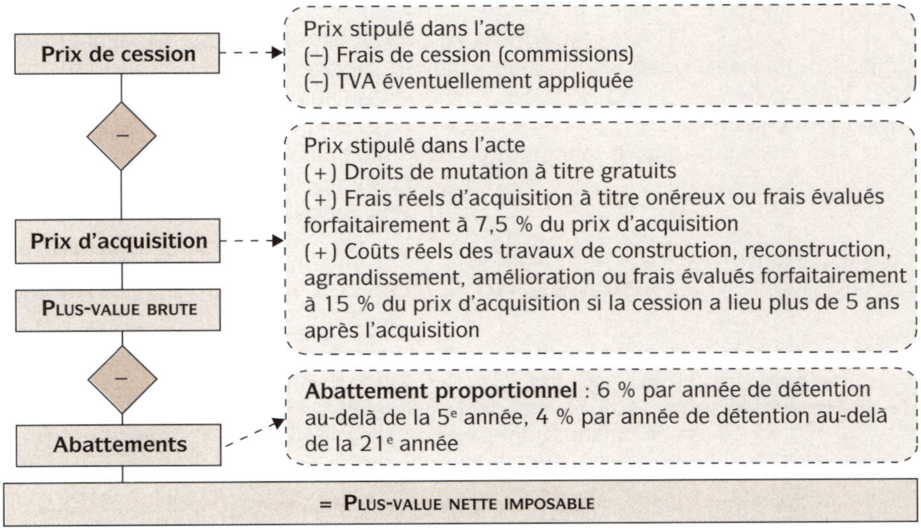

– Pour les plus-values immobilières autres que sur terrains à bâtir d'un montant supérieur à 50 000 €, il est instauré une taxe supplémentaire entre 2 % et 6 %.

2.3. L'imposition de la plus-value nette

Elle est imposée à l'IR à 19 % (à compter des revenus de l'année 2011), auquel s'ajoutent les contributions sociales pour 15,5 % au total (à compter des revenus de l'année 2011).

3 Les plus-values sur cession de biens meubles

3.1. Les plus-values sur biens meubles exonérées

– Les cessions de meubles inférieures à 5 000 €.
– Les cessions de meubles meublants, d'appareils ménagers, de véhicules.

3.2. L'imposition des plus-values sur biens meubles

Le montant de la plus-value est diminué de 10 % de sa valeur au-delà de la 2e année de détention (exonération après 12 ans). Le taux d'imposition est de 19 % (pour 2011) majoré des prélèvements sociaux de 15,5 % (aucun abattement fixe).

4 Les plus-values sur cession de valeurs mobilières et droits sociaux

Les gains sur cession de valeurs mobilières sont imposables à l'impôt sur le revenu au barème progressif. Ces cessions bénéficient d'un abattement pour durée de détention de 50 % si les titres sont détenus depuis au moins 2 ans et moins de 8 ans, et de 65 % si les titres sont détenus depuis au moins 8 ans.

FICHE

31 Les contributions sociales

Les contributions sociales sont des prélèvements additionnels à l'impôt sur le revenu destinés à alimenter des fonds sociaux.

1 Le champ d'application

1.1. La nature des revenus

Les revenus d'activités et de remplacement

- Salaires et assimilés
- Revenus professionnels non salariés
- Revenus de remplacement :
  – pensions de retraite et d'invalidité ;
  – rentes viagères à titre gratuit ;
  – allocations de chômage et de préretraite ;
  – indemnités et allocations diverses

Les revenus du patrimoine

- Revenus fonciers
- Rentes viagères à titre onéreux
- Revenus de capitaux mobiliers
- Plus-values professionnelles à long terme
  Plus-values de cession de valeurs mobilières

Les produits de placement

- Produits de placement à revenu fixe
- Dividendes et autres distributions (hors PEA)
- Plus-values immobilières

1.2. Les personnes imposables

Sont assujetties aux diverses contributions sociales les personnes physiques :
– qui sont considérées comme domiciliées en France pour l'établissement de l'impôt sur le revenu ;
– qui bénéficient, à quelque titre que ce soit, d'un régime français d'assurance-maladie.

1.3. L'assiette de calcul

Pour les salaires, traitements, émoluments et revenus assimilés ainsi que pour les allocations chômage, l'assiette de calcul des contributions sociales correspond au revenu brut (salaire brut ou allocation) après abattement de 3 %.
Pour les autres revenus, l'assiette de calcul porte sur la totalité des revenus.

1.4. Les particularités des contributions sociales

Les contributions sociales ne sont pas intégralement déductibles ou pas du tout déductibles des revenus imposables. Ainsi, l'IR se calcule sur la part non déductible fiscalement des contributions sociales qui ont pourtant diminué le revenu du contribuable.

2 Les différentes contributions

Nature des contributions	Affectation budgétaire	Revenus concernés	Taux des contributions	Taux de déduction
Contribution sociale généralisée (CSG)	Le produit de la CSG est affecté : – à la Caisse nationale d'allocations familiales (CNAF) ; – au Fonds de solidarité vieillesse ; – à la Caisse nationale de solidarité pour l'autonomie ; – aux régimes obligatoires d'assurance-maladie.	• Revenus d'activité	7,5 %	5,1 %
		• Revenus de remplacement : – pensions de retraite et d'invalidité ;	6,6 %	4,2 %
		– allocations de chômage et de préretraite, indemnités et allocations diverses	6,2 %	3,8 %
		• Revenus du patrimoine • Produits de placement	8,2 %	5,8 %
Contribution pour le remboursement de la dette sociale (CRDS)	Elle alimente la Caisse d'amortissement de la dette sociale (Cades).	• Revenus d'activité • Revenus de remplacement • Revenus du patrimoine • Produits de placement	0,5 %	Pas déductible
Prélèvement social (PS)	Il est affecté : – pour 20 % au fonds de solidarité vieillesse ; – pour 65 % au fonds de réserve pour les retraites ; – pour 15 % à la Caisse nationale d'assurance vieillesse des travailleurs salariés.	• Revenus du patrimoine • Produits de placement	4,5 %	Pas déductible
Contribution additionnelle au prélèvement social	Elle est affectée à la caisse nationale de solidarité pour l'autonomie.	• Revenus du patrimoine • Produits de placement	0,3 %	Pas déductible
Prélèvement de solidarité	Il est affecté au financement du revenu de solidarité active (RSA).	• Revenus du patrimoine • Produits de placement	2 %	Pas déductible

TVA Le champ d'application

La TVA est un impôt général sur la consommation perçu de façon fractionnée à chacune des étapes du circuit économique. Certaines opérations n'entrent pas dans son champ d'application ou en sont exonérées par une disposition législative.

1 Les opérations imposables à la TVA

Conformément à l'article 256-1 du CGI, seules les opérations répondant aux trois critères suivants entrent dans le champ d'application de la TVA :
- ce sont des livraisons de biens et des prestations de services ;
- elles sont effectuées à titre onéreux ;
- elles sont effectuées par un assujetti agissant en tant que tel.

Toutefois, en raison d'une disposition spéciale de la loi, les livraisons à soi-même, les acquisitions et les importations intracommunautaires sont généralement soumises à la TVA.

2 Les opérations hors du champ d'application de la TVA

2.1. Les opérations non imposables par nature

Opérations qui ne répondent pas à la définition de l'article 256 du CGI

→ Elles ne relèvent pas d'une activité économique (*exemple* : transaction entre particuliers).

→ Elles ne sont pas effectuées à titre onéreux (*exemples* : dons, indemnités suite à préjudice).

→ Elles sont réalisées par des personnes qui n'agissent pas de manière indépendante (salariés, travailleurs à domicile, VRP...).

2.2. Les opérations non imposables en raison de la personne qui les réalise

Les services administratifs, sociaux, éducatifs, culturels ou sportifs fournis par les personnes morales de droit public (État, collectivités locales, établissements publics...) ne sont pas assujettis à la TVA lorsque cela n'entraîne pas de distorsion de concurrence.

3 Les opérations exonérées

3.1. Les conséquences des exonérations

Quelques opérations, normalement passibles de la TVA, sont exonérées par une disposition législative. Cela a pour conséquence :
- la perte du droit à déduction de la taxe en amont ;
- l'impossibilité pour l'assujetti de facturer la TVA.

L'option pour la TVA reste parfois possible.

3.2. Les principales exonérations internes

Opérations réalisées par les bénéficiaires de la franchise en base	La franchise en base dispense les assujettis du paiement de la taxe lorsqu'ils ont réalisé au cours de l'année civile précédente un chiffre d'affaires inférieur à : – 81 500 € pour les livraisons de biens ; – 32 600 € pour les prestataires de services.
Prestations relevant des professions médicales et paramédicales et opérations accessoires	Soins dispensés dans le cadre légal de la médecine ; travaux d'analyse et de biologie médicale ; transactions portant sur le sang, les organes, le lait humains.
Activités d'enseignement	Enseignement primaire, secondaire, supérieur universitaire, technique, professionnel ; enseignement à distance ; formation professionnelle continue.
Prestations des organismes sans but lucratif	Pour les opérations réalisées dans le cadre d'une gestion désintéressée et qui ne présentent pas un caractère lucratif (recettes accessoires avec une franchise commerciale de 60 540 €).
Activités de location	La location de terrains et de locaux nus à usage professionnel et d'habitation, de logements meublés ou garnis à usage d'habitation (sauf si prestations para-hôtelières).
Activités bancaires	Ainsi que les activités d'assurance et de réassurance.
Opérations qui relèvent d'un autre impôt	Opérations qui entrent dans le champ d'application de l'impôt sur les spectacles, réunions sportives, cercles.

3.3. Les exonérations externes

Opérations relevant du commerce extérieur

→ **Les livraisons intra-communautaires** : il s'agit des biens qui partent de France à destination des pays de l'UE.

→ **Les exportations** : il s'agit des biens qui partent de France à destination des pays autres que ceux de l'UE.

3.4. Les opérations exonérées imposables à la TVA sur option

Location d'immeubles nus à usage professionnel	L'option doit être exercée immeuble par immeuble et ne s'applique pas aux immeubles à usage d'habitation.
Services fournis par les collectivités locales et leurs groupements	Uniquement pour la fourniture de l'eau (communes de moins de 3 000 habitants), l'assainissement, les abattoirs publics, les marchés d'intérêt national, l'enlèvement et traitement des ordures ménagères.
Diverses opérations et activités	– Professions libérales (sauf activités médicales), commerçants et artisans bénéficiant de la franchise en base. – Loueurs de terres et bâtiments à usage agricole. – Entreprises de déchets neufs d'industrie. – Établissements bancaires et financiers.

FICHE 33

TVA La territorialité des livraisons de biens

L'application des règles de territorialité permet de déterminer si une opération normalement imposable à la TVA doit, compte tenu de sa localisation, être effectivement soumise à la TVA française.

1 La définition des territoires

Le territoire national	Le territoire national comprend : – la France continentale et la Corse ; – la principauté de Monaco (sous réserve des ordonnances princières) ; – les eaux territoriales et le plateau continental ; – les départements d'outre-mer (Martinique, Guadeloupe et Réunion).
Le territoire communautaire	– Il comprend actuellement les 28 pays de l'Union européenne. – C'est le territoire sur lequel est appliquée la réglementation intra-communautaire en matière de TVA. – Dans chaque pays, il existe des parcelles de territoire qui ne font pas partie de l'UE.
Les territoires hors UE	– Ils correspondent à l'espace situé hors des territoires précédemment définis. – Ils sont dénommés « pays tiers ».

REMARQUE • La TVA n'est pas applicable en Guyane et dans les collectivités d'outre-mer.

2 La territorialité des livraisons de biens

2.1. Principe

La territorialité est déterminée par référence au lieu où l'opération est réputée être réalisée.

2.2. Les biens livrés en France après montage ou installation

Les livraisons de biens qui font l'objet d'un montage ou d'une installation en France avant la livraison sont imposables en France.

Ainsi lorsqu'une entreprise livre en France des matériels dont elle assure ensuite l'installation chez l'acquéreur, la taxe doit être acquittée :

– d'une part, lors de l'importation, sur la valeur des matériels lors du passage en douane ;

– d'autre part, lors de la livraison, sur la valeur des matériels montés ou installés, sous déduction de la taxe payée lors de l'importation.

2.3. Les biens livrés en l'état, expédiés ou transportés

Pays de départ	Pays d'arrivée	Nature de l'opération	Régime applicable
France	France	Opération interne	Taxation en France
	État de l'UE	Livraison intracommunautaire	– Exonération en France – Soumise à la TVA française si le client ne dispose pas de numéro intracommunautaire
	Pays tiers	Exportation	Exonération de TVA en France
État de l'UE	France	Acquisition intracommunautaire	– Taxation en France – Soumise à la TVA étrangère si l'acheteur ne dispose pas de numéro intracommunautaire
Pays tiers	France	Importation	Taxation en France lors des opérations de dédouanement

3 Les régimes particuliers

3.1. Les personnes bénéficiant du régime dérogatoire (PBRD)

a) Principe

Certaines personnes bénéficient d'un régime dérogatoire lorsqu'elles réalisent des acquisitions intracommunautaires dont le montant ne dépasse pas globalement 10 000 € par an (pour la France).

Ce régime permet de ne pas soumettre ces opérations à la TVA française.

b) Les personnes concernées

– Les non-assujettis à raison de l'activité pour laquelle l'acquisition est réalisée ;
– les assujettis ne réalisant que des opérations n'ouvrant pas droit à déduction ;
– les exploitants agricoles assujettis au régime du remboursement forfaitaire de TVA.

Ce régime ne s'applique pas aux acquisitions intracommunautaires de moyens de transport neufs, de produits soumis à accises (tabacs, alcools…).

3.2. Les ventes à distance

a) Définition

On désigne par « ventes à distance » les livraisons intracommunautaires de biens meubles corporels :
– qui portent sur des biens expédiés ou transportés par le vendeur ou pour son compte ;
– dont l'acquéreur est un non-assujetti, particulier ou PBRD.

b) Le traitement fiscal

Jusqu'à un certain seuil de chiffre d'affaires (100 000 € pour la France), le lieu de la livraison est considéré comme se situant dans l'État de départ des biens. Au-delà de ce seuil, la livraison est réputée se situer dans l'État d'arrivée des biens, avec l'application de la TVA de cet État.

REMARQUE • Ce régime ne s'applique pas aux ventes intracommunautaires de moyens de transport neuf.

TVA La territorialité des prestations de services

Depuis 2010, le lieu de taxation des prestations de services fournies à des assujettis est le lieu d'établissement du preneur (bénéficiaire de la prestation). Si le preneur est non assujetti à la TVA, le lieu de taxation des prestations reste le siège de l'activité économique du prestataire.

1 Définitions

Assujetti	Personne qui réalise des opérations placées dans le champ de la TVA.
Établissement stable	Siège de l'activité économique, soit du preneur soit du prestataire.
Preneur	Personne physique ou morale qui bénéficie de la prestation.
Prestataire	Personne physique ou morale qui réalise la prestation.

2 Principe

2.1. Les prestations de services fournies à un preneur assujetti

Le lieu de taxation des prestations de services est situé en France lorsque le preneur est un assujetti réalisant des opérations entrant dans le champ d'application de la TVA et qui a en France le siège de son activité économique ou un établissement stable pour lequel les services sont rendus.

REMARQUE • Les services concernés sont notamment les prestations des intermédiaires (sauf sur immeuble) ; les transports de biens, les travaux sur les biens meubles corporels, la location de moyens de transport, notamment en vertu d'un contrat de crédit-bail de longue durée.

2.2. Les prestations fournies à un preneur non assujetti

Les prestations de services fournies à un preneur non assujetti sont réputées se situer en France lorsque le prestataire a en France le siège de son activité économique ou un établissement stable à partir duquel les services sont rendus (à défaut, son domicile ou sa résidence habituelle).

REMARQUE • Il s'agit le plus souvent de prestations réalisées chez les particuliers.

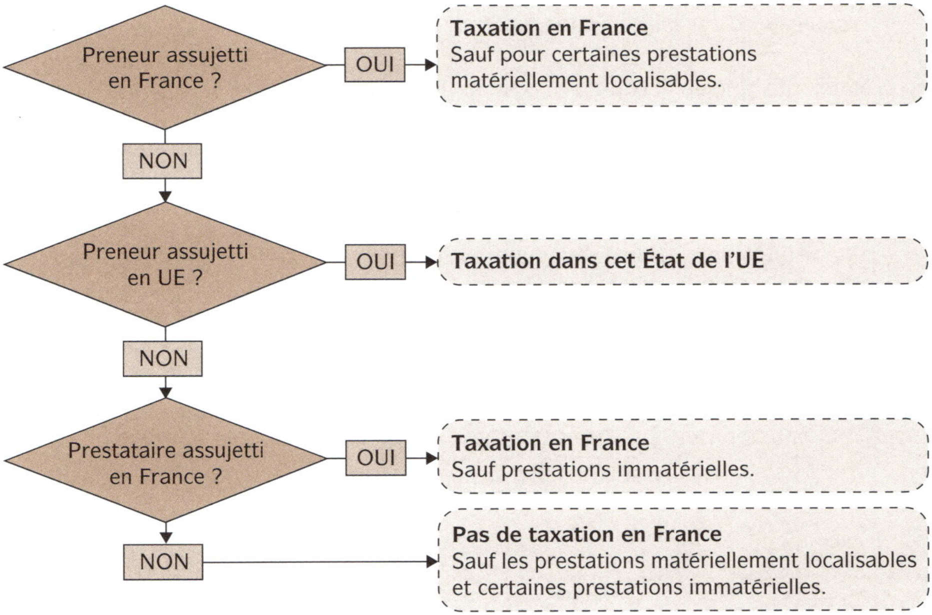

2.3. Le redevable de la TVA pour les prestations taxables en France

Le redevable de la TVA est en principe le prestataire de service. Toutefois, il existe des situations particulières et des dérogations.

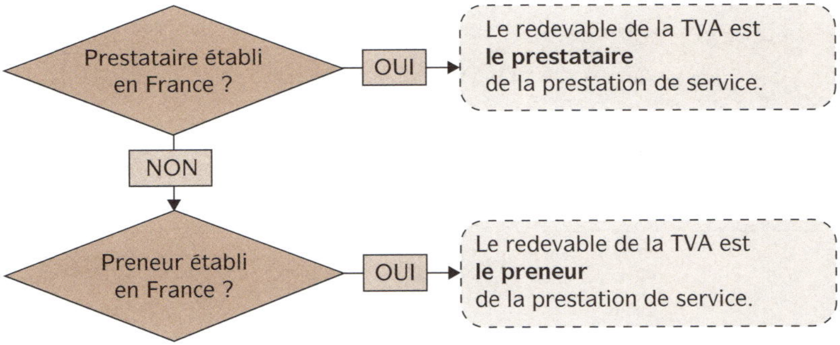

3 Les dérogations

Par dérogation au principe général, la détermination du lieu d'imposition des prestations de services à la TVA s'opère, pour certaines activités, selon d'autres critères que la qualité du preneur (assujetti ou non). Pour chacune des prestations de services concernées le redevable est déterminé par un régime fiscal propre (location de moyens de transport de courte durée, transport de personnes, ventes à consommer sur place, prestations immatérielles…).

35 TVA collectée : base et taux d'imposition

Les entreprises collectent la TVA sur la valeur de leurs ventes ou prestations rendues. La TVA est un impôt proportionnel *ad valorem*.

1 La base d'imposition

1.1. Définition

La base d'imposition à la TVA est constituée, pour les livraisons de biens, les prestations de services et les acquisitions intracommunautaires, par le prix total net hors taxe du produit ou du service (art. 266-1-a CGI).

1.2. Les éléments inclus et exclus de la base d'imposition

Éléments inclus dans la base d'imposition	Impôts et taxe (sauf la TVA)	*Exemples :* droits de douane, taxes spéciales.
	Frais accessoires	*Exemples* : commissions, intérêts ; frais d'emballage de transport.
	Compléments de prix	*Exemples* : primes et bonifications, certains intérêts.
	Subventions	Elles sont imposables lorsque : – elles représentent la contrepartie d'une opération imposable ; – elles sont destinées à compenser l'insuffisance de recettes d'exploitation ; – elles constituent le complément du prix d'une opération imposable.
Éléments exclus de la base d'imposition	Toutes réductions de prix	Rabais, remises, ristournes et autres réductions consentis directement au client.
	Indemnités constituant des dommages et intérêts	*Exemples* : indemnités versées à la suite de sinistres (incendie, vols…).
	Débours	Il s'agit des sommes payées par le fournisseur pour le compte du client.
	Subventions	*Exemples* : les subventions d'équipement affectées au financement d'un bien d'investissement déterminé.
	Frais à la charge du client et réglés directement par ses soins	*Exemples* : intérêts versés à des organismes de crédits et les intérêts moratoires versés au fournisseur.

1.3. Fait générateur et exigibilité

Le fait générateur est défini par le CGI comme « le fait par lequel sont réalisées les conditions légales nécessaires à l'exigibilité de la taxe ».

L'exigibilité fixe la date à partir de laquelle le Trésor peut obtenir le paiement.

Opérations	Fait générateur	Exigibilité
Livraisons de biens meubles	Transfert de propriété ou pouvoir de disposer du bien comme un propriétaire	Transfert de propriété ou pouvoir de disposer du bien comme un propriétaire
Prestations de services	Exécution du service	Encaissement du prix[1]
Importations	Entrée en France	Dédouanement

1. Sauf option pour les débits : exécution du service.

2 Les taux de TVA

2.1. Le principe

Le taux normal de 20 % (depuis le 1er janvier 2014) est applicable en France continentale aux opérations imposables qui ne sont pas soumises à un autre taux. Il existe des taux spécifiques en Corse et dans les DOM.

2.2. Les opérations imposables à des taux réduits

a) Les opérations taxées au taux réduit de 5 % (au 1er janvier 2014)

Relèvent notamment de ce taux, les produits, biens ou prestations de services suivants :
– l'eau ;
– les produits alimentaires à l'exclusion des boissons alcooliques, de quelques produits alimentaires, des ventes à consommer sur place ou des ventes à emporter ou à livrer en vue d'une consommation immédiate ;
– certains appareillages et équipements pour handicapés ;
– les prestations de services fournies dans les maisons de retraite et dans les établissements accueillant des personnes handicapées ;
– les livres ;
– l'abonnement au gaz, à l'électricité de petite puissance et à l'énergie calorifique, la fourniture de chaleur.

b) Les opérations taxées au taux réduit de 10 % (au 1er janvier 2014)

Relèvent notamment de ce taux, les produits, biens ou prestations de services suivants :
– les médicaments non remboursables ;
– les produits d'origine agricole ;
– les ventes à emporter ou à livrer de produits alimentaires préparés en vue d'une consommation immédiate ;
– les transports de voyageurs ;
– la fourniture de logements en hôtel ou en meublés et dans les terrains de camping classés ;
– les travaux portant sur des locaux d'habitation ;
– les services d'aide à la personne ;
– certains spectacles, jeux et divertissements.

c) Les opérations taxées au taux super-réduit de 2,1 %

Les médicaments pris en charge par la Sécurité Sociale relèvent du taux de 2,1 %.
De même les publications de presse inscrites à la commission paritaire des publications et agences de presse supportent une TVA au taux de 2,1 %.

TVA déductible : généralités

Chaque redevable collecte la TVA sur le prix HT des biens ou services vendus et déduit la taxe qui a grevé le coût des éléments constitutifs de ces produits. Toutefois l'exercice du droit à déduction est soumis au respect de certaines conditions.

1 Les conditions générales d'exercice du droit à déduction

Principe général	Seule la taxe qui a grevé des éléments d'une opération imposable est déductible de la TVA collectée.
Conditions de fond	Les biens ou services ayant généré la TVA déductible doivent être : – affectés à l'exploitation (au moins pour 10 %) ; – nécessaires à l'exploitation pour la réalisation d'opérations imposables à la TVA.
Conditions de forme	La TVA déductible doit figurer sur un document justificatif, une facture d'achat, un document douanier pour les importations ou une facture d'acquisition intracommunautaire.
Conditions de temps	– Pour être déductible, la TVA doit être exigible chez le redevable. – Elle ne peut pas être déduite après le 31 décembre de la deuxième année qui suit l'ouverture du droit à déduction.

2 Le calcul du montant de la TVA déductible

2.1. Le principe

La taxe effectivement déductible relative à chaque bien ou service est déterminée par application sur son montant d'un « coefficient de déduction » pouvant aller de 0 à 1. Ce coefficient tient compte à la fois du degré d'utilisation du bien ou service pour des opérations ouvrant à droit à déduction et des restrictions éventuelles prévues par la loi ou les règlements. Son calcul est le suivant :

Coefficient de déduction = Coefficient d'assujettissement × Coefficient de taxation × Coefficient d'admission

2.2. Le coefficient d'assujettissement

Ce coefficient est égal à la proportion d'utilisation du bien ou service pour la réalisation d'opérations imposables.

Utilisation exclusivement pour des opérations hors du champ d'application	Utilisation exclusivement pour des opérations dans le champ d'application	Utilisation mixte
↓	↓	↓
Coefficient 0	Coefficient 1	Coefficient entre 0 et 1

2.3. Le coefficient de taxation

Ce coefficient traduit le principe selon lequel, au sein des opérations imposables, seule peut être déduite la taxe grevant les biens ou services utilisés à des opérations ouvrant droit à déduction.

- Bien ou service utilisé pour des opérations imposables qui ouvrent entièrement droit à déduction → Coefficient 1
- Bien ou service utilisé pour des opérations n'ouvrant pas droit à déduction (opérations non imposables ou imposables mais n'ouvrant pas droit à déduction) → Coefficient 0
- Utilisation mixte pour la réalisation d'opérations imposables ouvrant droit à déduction et n'ouvrant pas droit à déduction → Coefficient annuel déterminé au prorata

$$\text{Règle du prorata} = \frac{\text{CA annuel des opérations ouvrant droit à déduction}}{\text{CA annuel des opérations imposables}}$$

2.4. Le coefficient d'admission

a) Le principe

Le coefficient d'admission d'un bien ou d'un service traduit l'existence de dispositifs réglementaires qui excluent du droit à déduction tout ou partie de la TVA.

- Le bien ou service utilisé ne fait l'objet d'aucune mesure d'exclusion. → Coefficient 1
- Le bien ou service utilisé fait l'objet d'une mesure d'exclusion totale ou partielle. → Coefficient égal à 0 ou compris entre 0 et 1

b) Les biens et services ayant un coefficient d'admission égal à 0 ou limité

Bien ou service	Coefficient d'admission
Bien utilisé pour plus de 90 % à des fins étrangères à l'entreprise	Coeff. 0.
Fourniture à titre gratuit du logement pour les dirigeants ou le personnel	Coeff. 0, sauf coeff. 1 pour les logements affectés au personnel de gardiennage sur les chantiers ou les locaux de l'entreprise.
Dépenses de restauration au profit du personnel	Coeff. 0, sauf coeff. 1 pour les dépenses de restauration opérées au profit de tiers et dans l'intérêt de l'entreprise.
Biens cédés sans rémunération (cadeaux)	Coeff. 0, sauf coeff. 1 pour les biens dont la valeur unitaire est inférieure à 60 € TTC par an et par personne.
Biens destinés au transport de personnes	Coeff. 0, sauf coeff. 1 pour les taxis, la location de véhicules, les sociétés de transport de personnes.
Consommation finale de produits pétroliers	Coeff. 0, sauf coeff. 1 pour le gasoil si utilitaire ; 0,8 pour le gasoil si véhicule de tourisme ; 0,5 pour le GPL.

TVA déductible : régularisations

Le coefficient de déduction peut varier au cours du temps. L'entreprise doit alors régulariser la TVA initialement déduite. Les conséquences sont différentes selon qu'il s'agit de biens immeubles, de biens meubles immobilisés ou de biens et services ne constituant pas des immobilisations.

1 Le coefficient de déduction

1.1. Les règles d'arrondi

Chacun des trois coefficients (assujettissement, taxation, admission) doit être arrondi à la deuxième décimale par excès.
Le coefficient de déduction, produit des trois précédents, doit être arrondi à la deuxième décimale par excès.

1.2. Les règles de calcul

Chacun des coefficients est d'abord déterminé pendant l'année de façon provisoire. Ils doivent ensuite être définitivement arrêtés avant le 25 avril de l'année suivante et servent alors de coefficients de référence pour le calcul du coefficient de déduction définitif.
La différence entre le coefficient de déduction provisoire et le coefficient définitif donne lieu :
– soit à une déduction complémentaire ;
– soit à un reversement, quel que soit l'écart.

2 Les régularisations de TVA

2.1. Le principe des régularisations

La TVA initialement déduite par un assujetti peut être remise en cause au cours de la période de régularisation, dans des cas expressément et limitativement prévus.

2.2. La période de régularisation

Période de régularisation pour un bien meuble ou immeuble immobilisé →
- Le point de départ est l'année au cours de laquelle le bien est acquis.
- Le point d'arrivée est situé dans un délai de :
– 5 ans, y compris l'année d'acquisition, pour un bien meuble ;
– 20 ans, y compris l'année d'acquisition, pour un bien immeuble.

Période de régularisation pour les autres biens ou services →
La TVA déduite doit être immédiatement reversée si le bien ne constituant pas une immobilisation ou le service reçu n'a pas été effectivement utilisé pour une opération ouvrant droit à déduction.

2.3. Les différents cas de régularisation

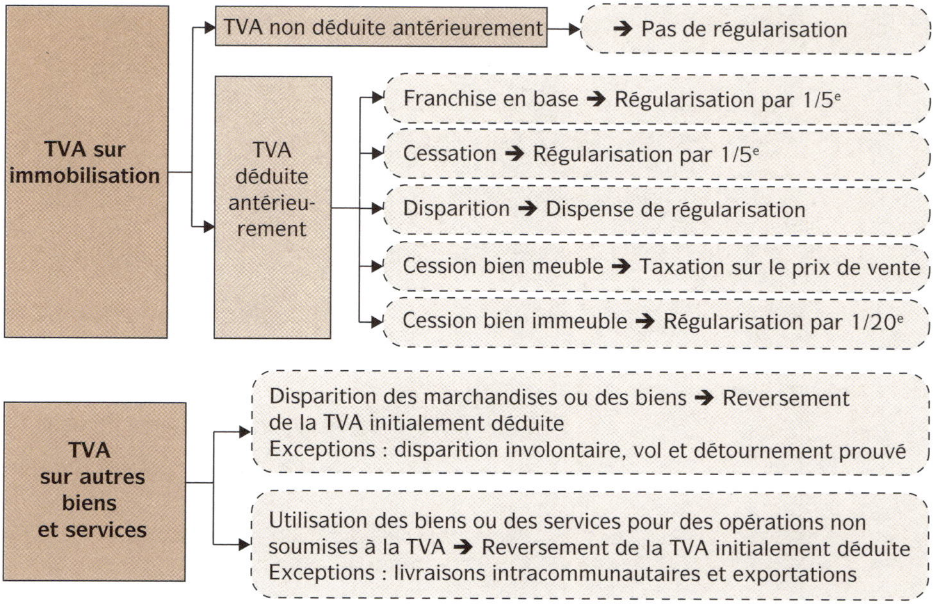

2.4. Les modalités de régularisation de la TVA déductible sur immobilisations

La différence entre le coefficient de déduction de référence (au titre de l'année d'acquisition) et le coefficient de déduction d'une des années suivantes (délai de 5 ou 20 ans) peut entraîner des régularisations annuelles ou globales.

a) Les régularisations annuelles

Il y a régularisation, si l'écart est supérieur à 0,1.

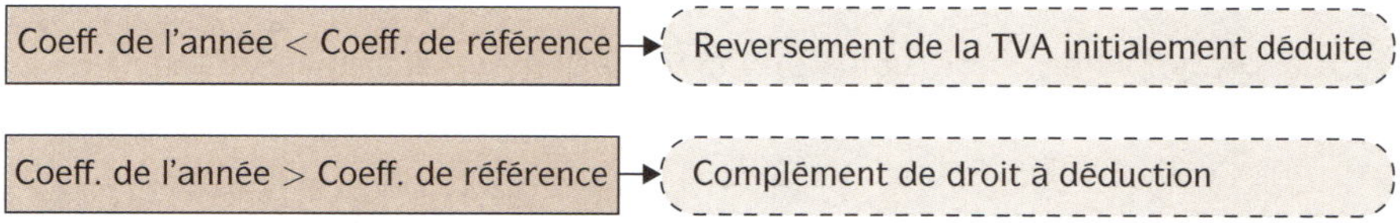

Pour les biens meubles, la régularisation est égale à 1/5e et pour les biens immeubles à 1/20e de la TVA initiale multipliée par la différence entre le coefficient de déduction de référence et celui de l'année.

b) Les régularisations globales

Certains événements, pendant le délai de régularisation pour les biens immobilisés, entraînent la régularisation en une fois de la TVA initialement déduite (régularisation globale). Il s'agit des cessions ou apports en société, transferts entre secteurs d'activité, modifications législatives ou réglementaires du droit à déduction, biens venant à être utilisés pour des opérations ouvrant droit à déduction ou biens cessant d'être utilisés à des opérations ouvrant droit à déduction.

FICHE **38**

TVA Calcul et déclaration

Le calcul de la TVA et les obligations déclaratives des redevables sont fonction du régime d'imposition dont relève l'entreprise. Lors de chaque période, l'imputation de la TVA déductible sur la TVA collectée génère une TVA due ou un crédit de TVA.

1 Le calcul de la TVA

1.1. L'exercice du droit à déduction

La TVA déductible sur une période (mois, trimestre, année) vient en diminution de la TVA collectée sur la même période. La TVA déductible se compose de la TVA déductible sur autres biens et services et de la TVA déductible sur immobilisations (dans la limite du coefficient de déduction).

- Si TVA collectée > TVA déductible → TVA due
- Si TVA collectée < TVA déductible → Crédit de TVA

1.2. Le crédit de TVA

a) Le droit commun

Le crédit de TVA constaté au titre d'une période (mois, trimestre, année) se reporte sur la période suivante.

b) Le remboursement du crédit de TVA

Un crédit de TVA constaté peut faire l'objet d'un remboursement mais seulement sur demande expresse du contribuable.

La procédure applicable dépend de la périodicité de la demande et diffère pour les opérations d'exportation et les livraisons intracommunautaires.

Procédure de remboursement mensuelle	Procédure de remboursement annuelle	Procédure de remboursement spéciale exportateur
Le montant du crédit doit au moins être égal à 760 €.	Le montant du crédit doit au moins être égal à 150 €.	– Cette procédure s'applique aux entreprises relevant du commerce extérieur (exportations et livraisons intracommunautaires). – Le crédit de TVA au titre de la période ne peut excéder le montant de la TVA calculé sur les opérations de ventes exonérées (règle du butoir).

2 Les régimes d'imposition

Les périodes de calcul et les dates de paiement de la TVA dépendent du régime d'imposition. Le règlement ou la demande de remboursement du crédit doit être joint à la déclaration.

2.1. La portée des régimes d'imposition

Les régimes d'imposition déterminent les obligations déclaratives en matière de TVA, ainsi que la périodicité de ces obligations.
Ces régimes d'imposition dépendent d'une part de la nature de l'activité et d'autre part du chiffre d'affaires réalisé.
En France, il existe deux régimes d'imposition, celui de la franchise en base et celui du réel. Ce dernier se dédouble en un régime réel simplifié et un régime réel normal.

2.2. Les différents régimes d'imposition

Chiffre d'affaires annuel (période 2017-2019) pour les activités de :		Régime d'imposition	
– Vente de marchandises – Vente de denrées à emporter ou à consommer sur place – Fourniture de logements	**Prestations de services**	**De plein droit**	**Sur option**
CA $\leq$ 82 800 €	CA $\leq$ 33 100 €	Franchise en base	Régime réel simplifié et réel normal
82 800 € < CA $\leq$ 789 000 €	33 100 € < CA $\leq$ 239 000 €	Régime réel simplifié	Régime réel normal
CA > 789 000 €	CA > 239 000 €	Régime réel normal	–

2.3. Les obligations déclaratives de chaque régime d'imposition

Régime de la franchise en base		– Pas de déclaration de TVA. – Pas de facturation de la TVA. – Pas de déduction de la TVA facturée en aval. – Mention sur facture « Article 293 B du CGI : TVA non applicable ». – Exclusions : activités occultes, immobilières, livraison de moyens de transport neuf.
Régime réel	**Réel simplifié**	– Obligation de déposer une déclaration CA12 récapitulative pour l'année N qui détermine la TVA nette avant imputation des acomptes. – Versement de 4 acomptes : les 3 premiers sont égaux à 25 % de la TVA due lors de l'année précédente et le 4e à 20 %. Ces acomptes peuvent être modulés par le contribuable et sont déduits de la TVA nette sur la déclaration CA12. Le solde est à payer début mai N + 1.
	Réel normal	Obligation de déposer une déclaration CA3 mensuelle ou trimestrielle si le montant de la TVA annuelle due l'année précédente est inférieur à 4 000 €.

FICHE 39

L'impôt de solidarité sur la fortune

L'impôt de solidarité sur la fortune (ISF) est calculé annuellement sur l'ensemble du patrimoine net privé possédé au 1er janvier de l'année d'imposition par les personnes physiques. Il est déterminé au niveau du foyer fiscal.

1 Les personnes imposables

Seules les personnes physiques dont le patrimoine net dépasse un seuil qui est révisé annuellement (1 300 000 €) sont passibles de l'ISF.

L'imposition à l'ISF est établie par foyer fiscal comprenant la personne physique, son conjoint, son partenaire lié par un PACS ou concubin notoire ainsi que les enfants (administration légale).

2 La territorialité de l'ISF

2.1. Les critères de domiciliation des contribuables

Ont leur domicile fiscal en France les personnes :

- qui ont en France leur foyer ou le lieu de leur séjour principal.
- qui exercent en France une activité professionnelle, salariée ou non, sauf si cette activité y est exercée à titre accessoire.
- qui ont en France le centre de leurs intérêts économiques (lieu où est situé l'ensemble du patrimoine et où est perçu l'essentiel du revenu).

2.2. Les redevables domiciliés fiscalement en France

Le champ d'application de l'ISF comprend tous les biens possédés, meubles et immeubles non nécessaires à l'exercice d'une profession, situés en France ou à l'étranger.

2.3. Les redevables n'ayant pas leur domicile fiscal en France

Ils ne sont taxés à l'ISF qu'au titre des biens situés en France, à l'exception des placements financiers à l'étranger dont les revenus leur permettent de maintenir ou d'accroître leur patrimoine en France.

3 Les biens imposables

3.1. Principe

L'ISF est assis sur l'ensemble des biens, droits et valeurs qui composent, au 1er janvier de l'année d'imposition, le patrimoine du redevable sous réserve des exonérations.

L'assiette de l'ISF comprend notamment (liste non limitative) :

– les immeubles bâtis ou non bâtis et le droit réel immobilier ;
– les entreprises, charges et offices (sauf exonérations) ;
– les voitures automobiles, bateaux, avions, chevaux, les bijoux et l'or.

3.2. Les règles propres à l'ISF

Contrats d'assurances	• Contrats rachetables : à retenir la valeur du contrat. • Contrats non rachetables : à retenir uniquement les primes versées après l'âge de 70 ans.
Rentes viagères	La valeur de capitalisation de la rente est à retenir.
Biens grevés d'usufruit, d'un droit d'habitation ou d'un droit d'usage	En cas de démembrement du droit de propriété, l'usufruitier ou le titulaire du droit d'habitation doit inclure dans son patrimoine le bien pour sa valeur en pleine propriété.
Monuments historiques	Leur valeur est en principe à retenir pour déterminer l'assiette.
Bons du Trésor	Ils n'entrent dans l'assiette que lorsque l'anonymat est levé.

4 Les biens exonérés

4.1. Les biens professionnels

Biens nécessaires à l'exercice d'une profession industrielle, commerciale, artisanale, agricole ou libérale	L'activité doit être exercée à titre principal sous la forme individuelle, par le propriétaire, son conjoint ou ses enfants mineurs à charge.
Parts ou actions de sociétés	• Les parts des sociétés de personnes soumises à l'IR sont considérées comme des biens professionnels à condition que l'associé exerce dans la société son activité professionnelle principale. • Les actions des sociétés soumises à l'IS sont considérées comme des biens professionnels si leur propriétaire : – est le gérant statutaire de la société et que sa rémunération constitue plus de la moitié de ses revenus ; – possède au moins 25 % des droits financiers et des droits de votes attachés à ces actions.
Les biens ruraux loués par bail à long terme et les parts de groupement foncier agricole non exploitant	Si la durée du bail est égale à 18 ans ou plus, ces biens bénéficient d'une exonération totale. Le bail doit être consenti par le bailleur à son conjoint, ses ascendants, ses descendants, ses frères ou sœurs.

4.2. Les autres biens exonérés

– Les objets d'arts et d'antiquités (datant de plus de 100 ans), les droits de la propriété littéraire, artistique, ainsi que les droits de la propriété industrielle ;
– les rentes ou indemnités perçues en réparation de dommages corporels liés à un accident ou à une maladie ;
– les placements financiers réalisés par des non-résidents, sauf les titres de participations et les droits représentatifs de biens immobiliers situés sur le territoire national ;
– les bois et forêts ou les parts de groupements forestiers à caractère non professionnel dans la limite de 75 % de leur valeur si le propriétaire s'engage à les soumettre pendant 30 ans à un régime d'exploitation normale ;
– les biens ruraux non professionnels qui font l'objet d'un bail à long terme de 18 ans et plus bénéficient d'une exonération de 75 % de leur valeur, si cette valeur est inférieure à 100 393 €, et de 50 % pour le surplus.

5 L'évaluation du patrimoine

5.1. Le principe

Les biens doivent être évalués pour leur valeur vénale appréciée au 1er janvier de l'année d'imposition.

5.2. Des règles spécifiques

Biens	Évaluation de la valeur vénale
Immeubles	– Valeur vénale libre de toute occupation. – En cas d'occupation au titre de résidence principale : abattement de 30 %. – La valeur vénale est déterminée soit par comparaison, soit en tenant compte du revenu annuel de l'immeuble, soit en prenant le prix de revient de construction.
Valeurs mobilières	– Valeurs cotées : dernier cours connu ou moyenne des cotations des 30 derniers jours qui précèdent la date d'imposition. – Valeurs non cotées : valeur mathématique.
Meubles meublants	Valeur qui figure sur un acte de vente (évaluation globale), sur un inventaire détaillé ou, à défaut, évaluation forfaitaire représentant 5 % de l'actif brut.
Créances	Valeur nominale.

6 La déduction du passif

Conditions de déduction des dettes

- – Dettes civiles, fiscales et sociales non contestées et non aléatoires.
  – Existant au 1er janvier de l'année.
- Dettes à la charge personnelle du redevable ISF ou du foyer fiscal. *Exemples* : pensions alimentaires, rentes viagères, emprunts, impôts.
- Dettes justifiées (le dépôt des pièces justificatives est obligatoire).

7 Le calcul de l'impôt de solidarité sur la fortune

7.1. L'application du barème

Le seuil de déclenchement de l'imposition est fixé à une valeur de patrimoine net supérieure à 1 300 000 € et le barème applicable est le suivant :

Valeur nette du patrimoine imposable	Taux applicable
N'excédant pas 800 000 €	0 %
Supérieure à 800 000 € et inférieure à 1 300 000 €	0,50 %
Supérieure à 1 300 000 € et inférieure à 2 570 000 €	0,70 %
Supérieure à 2 570 000 € et inférieure à 5 000 000 €	1,00 %
Supérieure à 5 000 000 € et inférieure à 10 000 000 €	1,25 %
Supérieure à 10 000 000 €	1,50 %

Afin d'atténuer l'effet du seuil de taxation *(imposition dès 800 000 € si patrimoine > 1 300 000 €)*, une décote a été instaurée pour les patrimoines compris entre 1 300 000 € et 1 400 000 €. Cette décote est égale à 17 500 € – 1,25 % P *(P = patrimoine)*.

Le législateur a prévu un mécanisme de plafonnement qui indique que le total de l'ISF et de l'impôt sur le revenu ne peut excéder 75 % des revenus imposables de l'année précédente.

7.2. Les réductions d'impôt

Situation ouvrant droit à réduction	Montant de la réduction
Sommes versées pour le financement du capital des PME ou d'organismes d'intérêt général	50 % des sommes versées Plafond : 45 000 € Sans possibilité de report ni de remboursement
Dons au profit de certains organismes (recherche, insertion, enseignement supérieur, association d'utilité publique)	75 % des sommes versées Plafond : 50 000 € Sans possibilité de report ni de remboursement

8 La déclaration et le paiement de l'ISF

Les personnes imposables au 1er janvier de l'année d'imposition sont tenues de déposer une déclaration 2075 détaillée et estimative des biens composant leur patrimoine et de payer l'ISF avant le 15 juin de l'année d'imposition.

Si le patrimoine net taxable est compris entre 1,3 million et 2,57 millions d'euros, la personne imposable n'a plus à déposer une déclaration ISF spécifique. Le montant du patrimoine brut et net taxable est déclaré sur la déclaration n° 2042 C.

FICHE 40

Les droits d'enregistrement

Les droits d'enregistrement sont des impôts perçus sur certains actes juridiques et certaines mutations. Autrefois impôt d'État, les droits d'enregistrement sont perçus, pour leur plus grande partie, par les collectivités territoriales.

1 Les différentes formalités

L'enregistrement

L'enregistrement est une formalité par laquelle un acte est inscrit sur un registre par un fonctionnaire public.

Actes soumis obligatoirement à l'enregistrement

– En raison de la personne qui rédige l'acte : actes notariés, actes des marchands de biens, actes des huissiers de justice.

– En raison de la nature des conventions pour permettre le contrôle de la régularité de l'acte : transmission de propriétés, d'usufruit d'immeubles, de fonds de commerce, de droit au bail, cession de droits sociaux.

Actes soumis volontairement à l'enregistrement

Tous les autres actes sont susceptibles d'être enregistrés pour leur donner une date certaine et constituer une présomption de preuve (reconnaissances de dettes, procurations, actes sous seing privé).

La publicité foncière

Elle a pour but d'informer les tiers de la transmission ou de la constitution de droits réels immobiliers.
Sont concernés les mutations à titre gratuit et les baux de plus de 12 ans.

La formalité fusionnée

– Cette formalité unique remplace la publicité foncière et l'enregistrement.
– Elle est effectuée à la conservation des hypothèques dans les 2 mois qui suivent la signature de l'acte.
– Elle concerne les actes authentiques (notariés ou administratifs) destinés à être publiés au fichier immobilier (droits réels).

2 Le contrôle de l'Administration

L'administration fiscale peut remettre en cause la nature de l'acte ou le prix déclaré pour le calcul des droits à condition de prouver qu'il y a :

Dissimulation de prix	Insuffisance de prix
Les parties s'entendent pour payer, hors la vue du notaire.	Les contribuables sous-évaluent la valeur des biens transmis.

3 Les mutations à titre onéreux

3.1. La vente d'immeubles

Vente d'immeubles soumis à la TVA

La taxe de publicité foncière est due au taux de 0,715 % sur les opérations suivantes :
- achats d'immeubles neufs ;
- première cession dans les 5 ans de l'achèvement d'un immeuble acquis en l'état futur d'achèvement ;
- achats de terrains à bâtir par les marchands de biens.

Vente d'immeubles soumis aux droits d'enregistrements

- Taxation au taux de 5,8 % jusqu'en février 2016 pour les autres ventes d'immeubles à usage industriel commercial ou d'habitation.
- La vente doit être parfaite, certaine et actuelle.
- Régime spécial des acquisitions d'immeubles ruraux : taxe au taux de 0,715 %.

REMARQUE • Ces taux peuvent varier suivant les collectivités locales.

3.2. La vente de fonds de commerce

Les droits de mutation de fonds de commerce ne concernent que l'achalandage, la clientèle et la cession de droit au bail. Le barème d'imposition est le suivant :

	Taxe État	Taxe départementale	Taxe communale	Taux global
Valeur < 23 000 €	0,0 %	0,0 %	0,0 %	0,0 %
23 000 € < Valeur < 107 000 €	2,0 %	0,6 %	0,4 %	3,0 %
107 000 € < Valeur < 200 000 €	0,6 %	1,4 %	1,0 %	3,0 %
200 000 € < Valeur	2,6 %	1,4 %	1,0 %	5,0 %

3.3. La vente de meubles

Les ventes « amiables » échappent à l'enregistrement à moins qu'elles ne soient présentées volontairement pour leur donner date certaine. Dans ce cas il est perçu un droit fixe de 75 € pour les actes innommés.

Les ventes publiques de meubles incorporels sont soumises à un droit proportionnel d'enregistrement au taux de 1,20 % lorsque ces ventes ne sont pas soumises, en raison de leur objet, à un tarif différent (vente de fonds de commerce par exemple).

3.4. La cession de droits sociaux

La cession de parts sociales de sociétés dont le capital n'est pas divisé en actions est soumise à un droit d'enregistrement de 3 %. Un abattement global de 23 000 € s'applique au prorata des parts cédées.

La cession d'actions subit les droits d'enregistrements suivants :

Cession d'actions	
	Les cessions d'actions, de parts de fondateurs ou de parts bénéficiaires, sont soumises à un droit d'enregistrement de 0,1 %.

Dans les sociétés par actions cotées
Les droits d'enregistrement ne sont exigibles que si les cessions sont constatées par un acte.

Dans les sociétés par actions non cotées
Les droits d'enregistrement sont exigibles même en l'absence d'acte de cession.

4 Les droits exigibles lors de la constitution des sociétés

4.1. Les différents types d'apports

Les apports purs et simples	Ils confèrent à l'apporteur, en échange de sa mise, de simples droits sociaux (part sociale ou action), exposés à tous les risques de l'entreprise.
Les apports à titre onéreux	Ils sont rémunérés par un équivalent ferme et actuel, définitivement acquis à l'apporteur et soustrait aux risques sociaux (assimilable à une vente).
Les apports mixtes	Ils sont rémunérés, d'une part, par la remise de droits sociaux et, d'autre part, par un avantage soustrait aux risques sociaux.

4.2. La taxation des apports purs et simples

Apports purs et simples	À une société soumise à l'IS		À une société non soumise à l'IS
	Apporteur soumis à l'IS	Apporteur non soumis à l'IS	
Fonds de commerce	Exonération	– Exonération si engagement de conserver les titres pendant 3 ans – Exonération entre 0 € et 23 000 € – 3 % entre 23 000 € et 200 000 € – 5 % au-delà	Exonération
Immeubles avec le fond	Exonération	5 %	Exonération
Immeubles seuls	5 %	5 %	5 %
Biens autres qu'immeubles	Exonération	Exonération	Exonération

4.3. La taxation des apports à titre onéreux

Apports à titre onéreux	Taxation
Immeubles ou droits immobiliers	5 %
Biens autres qu'immeubles	Au taux propre à chaque bien (comme une cession)

4.4. Les apports mixtes

Pour le calcul des droits, la société peut désigner les biens apportés à titre pur et simple et les biens apportés à titre onéreux. À défaut, l'Administration effectue un calcul au prorata de chacun de ces deux types d'apports.

5 Les droits exigibles au cours de l'existence des sociétés

Augmentation de capital	• Par apport pur et simple : – droit fixe de 375 € ou 500 € (si capital de la société > 225 000 €) ; – droit de 5 % pour les immeubles apportés par une personne non soumise à l'IS ; – droit de 3 % entre 23 000 € et 200 000 € et 5 % au-delà pour les fonds de commerce. • Par apport à titre onéreux : – droit de 5 % pour les immeubles ; – aux taux propres pour chaque bien (comme les cessions ordinaires).
Réduction de capital	Droit fixe de 375 € ou 500 € (si capital de la société > 225 000 €).
Transfert de siège social	• Le transfert du siège à l'intérieur du territoire national n'entraîne aucune taxation. • Le transfert du siège à l'extérieur du territoire donne naissance à une société nouvelle, et donc aux droits dus pour la constitution de société si l'acte est passé en France.
Prorogation de société	Droit fixe de 375 € ou 500 € (si capital de la société > 225 000 €).

6 Les droits exigibles en fin de société

Dissolution de société	Droit fixe de 375 € ou 500 € (si capital de la société > 225 000 €) si la dissolution ne comporte pas de transmission de bien meubles ou immeubles entre associés.
Liquidation de société	• Taxation selon la nature des biens pour les cessions à des tiers. • Droit de 1 % pour les cessions aux associés si la société est soumise à l'IS. • Droits de ventes selon la nature des biens pour les cessions aux associés si la société n'est pas soumise à l'IS.
Partage de société	• Dans les sociétés passibles de l'IS : – aucun droit de mutation si les biens sont attribués à l'apporteur (sauf si immeuble : taux de 0,7 % à compter de 2011) ; – droits de mutation à titre onéreux si les biens sont attribués à des personnes autres que les apporteurs. • Dans les sociétés non passibles de l'IS : – droit de 1,1 % pour les partages sans soulte ; – droits de mutations dans la limite de la soulte en cas de soulte.

FICHE 41

Les taxes foncières

Les taxes foncières sont des impôts locaux, au même titre que la taxe d'habitation ou la contribution économique territoriale, perçus par les collectivités locales qui en votent les taux. Les taxes foncières se subdivisent en taxe foncière sur les propriétés bâties et taxe foncière sur les propriétés non bâties.

1 Les caractères généraux des impôts locaux

- **Impôts locaux** → Le taux et, par conséquent, le montant dépendent des collectivités locales.
- **Impôts réels** → Les facultés contributives des redevables sont appréciées d'après la valeur d'usage des biens qu'ils possèdent ou utilisent.
- **Impôts proportionnels** → Ils sont calculés par application d'un taux fixe dont la rigueur peut être atténuée par des abattements à la base ou des régimes d'exonérations temporaires.
- **Impôts annuels** → Ils sont établis annuellement d'après les bases d'imposition appréciées au 1er janvier de chaque année.

2 La taxe foncière sur les propriétés bâties

2.1. Le champ d'application

Propriétés bâties
c'est-à-dire toutes les installations fixes

Propriétés imposables

Propriétés bâties sises en France, à l'exception de celles qui sont expressément exonérées.
Exemples : ateliers, hangars, réservoirs, cuves, silos, châteaux d'eau, cheminées d'usine, quais, ponts, viaducs, tunnels, bateaux utilisés en point fixe.

Propriétés exonérés

Exonérations permanentes
– Propriétés bâties de l'État affectées à un service public et non productives de revenus.
– Ambassades.
– Édifices affectés à l'exercice du culte.

Exonérations temporaires
– Exonération de 2 ans pour les constructions nouvelles affectées à l'habitation.
– Exonération temporaire pour les personnes de plus de 75 ans à revenu modeste (allocation supplémentaire du fonds spécial de vieillesse).

2.2. La liquidation et le paiement de la taxe

L'évaluation de la valeur locative cadastrale des propriétés bâties est effectuée et régulièrement actualisée par les services du cadastre.
Son montant subit un abattement de 50 % en considération des frais de gestion, d'assurance, d'amortissement, d'entretien et de réparation.
Ensuite, le montant de la taxe est déterminé en appliquant à cette valeur locative le taux d'imposition de la collectivité.
La taxe foncière sur les propriétés bâties est perçue par voie de rôle adressé au contribuable soit le 15 octobre, soit le 15 novembre.

3 La taxe foncière sur les propriétés non bâties

3.1. Le champ d'application

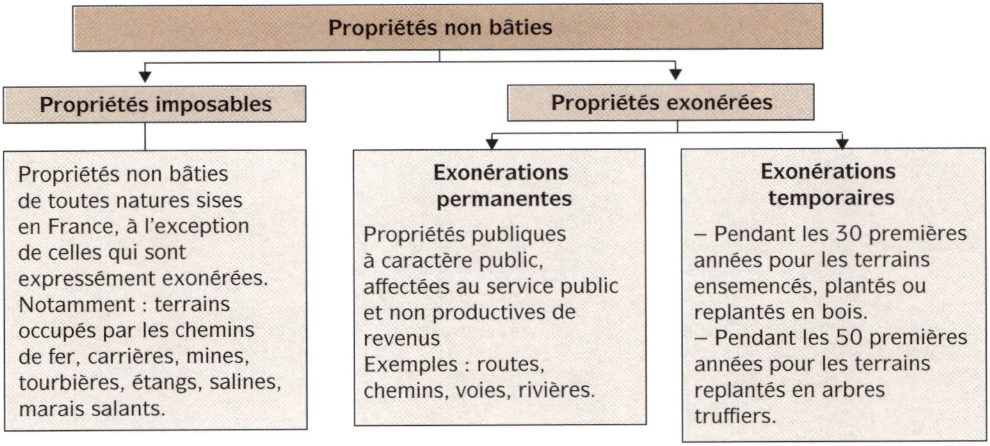

3.2. La liquidation et le paiement de la taxe

La base d'imposition de la taxe foncière sur les propriétés non bâties est constituée par la valeur locative cadastrale des propriétés (revenu cadastral), diminuée d'un abattement forfaitaire pour frais de 20 %.
Le montant de la taxe s'obtient en multipliant la base d'imposition par le taux d'imposition voté par la collectivité.
La taxe foncière sur les propriétés non bâties est recouvrée par voie de rôle, adressé au contribuable soit le 15 octobre, soit le 15 novembre.

FICHE 42 La taxe d'habitation

La taxe d'habitation fait partie des impôts locaux, qui constituent la principale ressource des collectivités locales. Celles-ci déterminent le taux d'imposition, ainsi que les divers abattements applicables.

1 Le fait générateur

La taxe est établie au nom de personnes physiques ou morales qui ont à leur disposition un local meublé affecté à l'habitation au 1er janvier de l'année d'imposition.

2 Le champ d'application

2.1. Les locaux

Locaux imposables

→ Tous les locaux meublés affectés à l'habitation et leurs dépendances :
– locaux occupés à des fins personnelles ou familiales au titre de résidence principale ou secondaire ;
– dépendances : garage, remise, serre, jardin d'hiver, parc et terrain de jeux.

→ Tous les locaux occupés par des sociétés, associations et organismes privés non soumis à la cotisation foncière des entreprises (CFE).

Locaux exonérés

→ – Locaux passibles de la CFE.
– Bâtiments servant aux exploitations rurales.
– Locaux destinés au logement des élèves (école et pensionnat) et des étudiants (résidence universitaire et internat).
– Bureaux des fonctionnaires publics.

2.2. Les personnes imposables

La taxe d'habitation est établie au nom des personnes physiques ou morales qui ont la disposition ou la jouissance de locaux imposables, qu'ils soient propriétaires, locataires ou encore occupants à titre gratuit.
La taxe est exigée si le contribuable a la possibilité d'occuper à tout moment le local meublé dans des conditions suffisantes pour permettre l'habitation.

3 Les exonérations et dégrèvements de taxe d'habitation

3.1. Les exonérations et le dégrèvement total pour l'habitation principale

– Les personnes titulaires de l'allocation de solidarité.
– Les personnes titulaires de l'aide aux handicapés.

– Les personnes âgées de plus de 60 ans ou, quel que soit leur âge, les veufs et veuves sous conditions de revenus.
– Les infirmes et invalides ne pouvant subvenir à leurs besoins.

3.2. Le plafonnement de la taxe d'habitation

Pour les contribuables qui ne bénéficient pas de mesure d'exonération ou de dégrèvement total, le montant de la taxe d'habitation est plafonné à 3,44 % du revenu fiscal de référence.

4 L'assiette et le paiement de la taxe d'habitation

La taxe d'habitation est établie pour l'année entière d'après la situation au 1er janvier. Elle est recouvrée par voie de rôle.

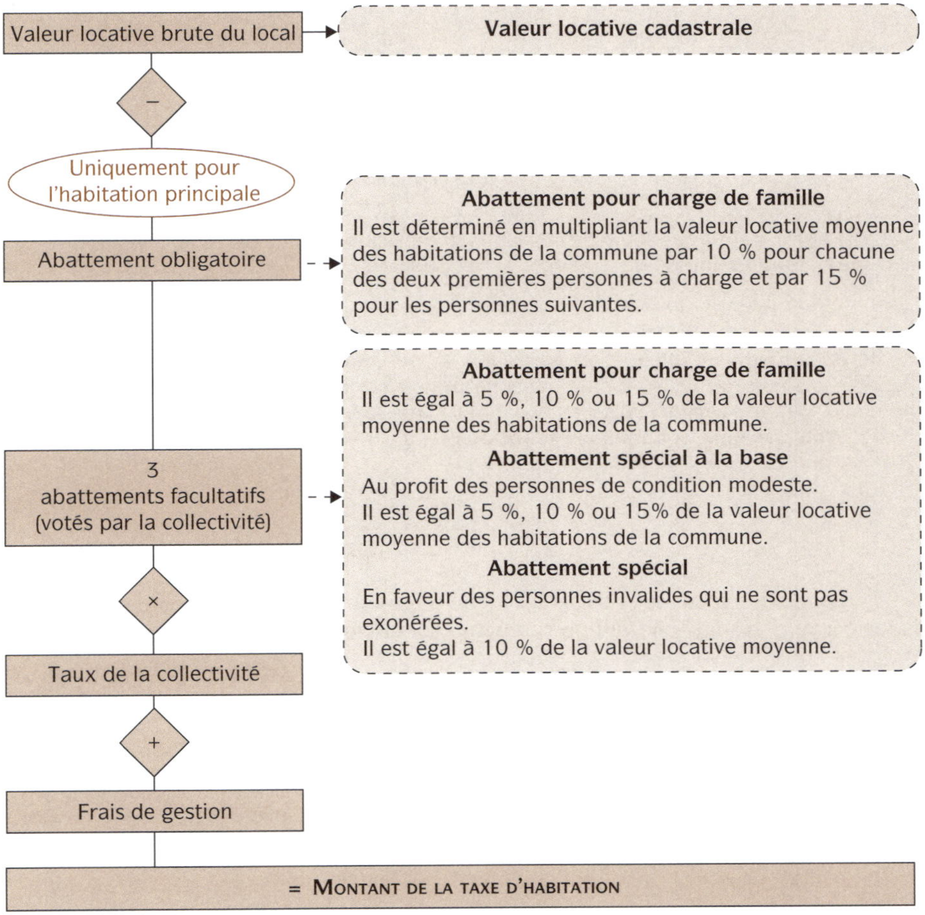

FICHE 43 La contribution économique territoriale

La contribution économique territoriale (CET) remplace depuis 2010 la taxe professionnelle. Cet impôt local annuel perçu par les collectivités territoriales est composé de la cotisation foncière des entreprises (CFE) et d'une cotisation sur la valeur ajoutée des entreprises (CVAE).

CET Contribution économique territoriale	=	CFE Cotisation foncière des entreprises	+	CVAE Cotisation sur la valeur ajoutée des entreprises

1 La cotisation foncière des entreprises

1.1. Le champ d'application

a) Les activités imposables

Une activité est passible de la CFE lorsque :
– elle présente un caractère habituel (opération répétée) ;
– elle est professionnelle, c'est-à-dire qu'elle ne concerne pas la gestion du patrimoine personnel ;
– elle est non salariée ;
– elle est exercée en France.

b) Les personnes imposables

La cotisation est due par les personnes physiques ou morales ou par les sociétés non dotées de la personnalité morale qui exercent une activité imposable.

c) Les exonérations de droit

Les activités artisanales	Les artisans sont exonérés de CFE lorsqu'ils travaillent seuls ou avec le concours de main-d'œuvre familiale ou d'apprentis.
Les activités et organismes agricoles	– Les producteurs, éleveurs, sylviculteurs, aviculteurs… – Les coopératives agricoles, sociétés d'intérêt collectif agricole. – Les associations foncières, syndicat professionnel agricole.
Certaines activités non commerciales	– Les peintres, artistes, auteurs et compositeurs. – Les photographes, les sages-femmes, les sportifs. – Les établissements d'enseignement privé du premier et du second degré, ainsi que les établissements d'enseignement supérieur privés reconnus d'utilité publique.
Certaines activités industrielles et commerciales	– Les éditeurs de publications périodiques et les entreprises de presse. – Les collectivités publiques, les sociétés mutualistes, les organismes d'habitations à loyer modéré.

d) Les exonérations facultatives

Il s'agit d'exonérations temporaires liées aux diverses exonérations de résultat (entreprise nouvelle, zone franche urbaine, entreprise innovante...).

1.2. La base d'imposition

a) Définition

La base d'imposition de la CFE correspond à la valeur locative des biens passibles d'une taxe foncière.

b) La période de référence

La période de référence retenue pour déterminer la base de la CFE est l'avant-dernière année précédant celle de l'imposition, soit N−2.

c) Les biens imposables

La CFE est établie sur la valeur locative des biens passibles d'une taxe foncière, terrains, constructions, situés en France et utilisés pour une activité professionnelle.

d) Les réductions

Des réductions spécifiques peuvent être appliquées sur la valeur locative pour certaines professions (artisans non exonérés), pour les coopératives (50 %) et pour les entreprises saisonnières (*prorata temporis*).

1.3. Le montant et l'établissement de la CFE

Le montant de la CFE s'obtient en multipliant la base d'imposition par le taux d'imposition voté par la collectivité territoriale, majoré de 3 % pour frais de gestion.

$$\text{CFE} = \text{Base d'imposition} \times \text{Taux voté par la collectivité} \times 1{,}03$$

Les redevables de la CFE sont assujettis à une cotisation minimale comprise entre 200 € et 2 000 € et fixée par la collectivité territoriale de leur principal établissement.
La CFE est établie dans chaque commune où le contribuable dispose de locaux ou de terrains.
En principe, le montant de la CFE est calculé annuellement par les services fiscaux.
En cas de création d'entreprise, la CFE n'est pas due pour l'année de la création.

1.4. La déclaration et le paiement de la CFE

Les redevables de la CFE doivent souscrire une déclaration annuelle contenant les renseignements nécessaires à la détermination de leur base d'imposition avant le deuxième jour ouvré suivant le 1er mai de chaque année.
La CFE est signifiée par voie de rôle au redevable qui exerce l'activité au 1er janvier.
Le régime de droit commun consiste à payer lors de la réception de l'avis d'imposition.
Le redevable peut opter pour le régime de la mensualisation.
Les redevables qui ont acquitté une CFE de plus de 3 000 € l'année précédente doivent verser un acompte égal à 50 % de ce montant et verser ensuite le solde de la CFE.

1.5. Le contrôle et le contentieux de la CFE

L'Administration peut rectifier les bases imposables par voie de rôle supplémentaire jusqu'au 31 décembre de l'année qui suit celle au titre de laquelle la CFE est due.
Le contribuable peut contester jusqu'au 31 décembre de l'année de mise en recouvrement de la réclamation.

2 La cotisation sur la valeur ajoutée des entreprises

2.1. Le champ d'application

a) Les personnes et les activités imposables

LA CVAE est due par les personnes physiques ou morales ainsi que les sociétés non dotées de la personnalité morale :

– qui exercent une activité imposable à la CFE ;

– dont le chiffre d'affaires est supérieur à 152 500 €. Dans les faits, ce seuil est porté à 500 000 € en raison d'un dégrèvement prévu pour les entreprises dont le chiffre d'affaires est inférieur à 500 000 €.

b) La territorialité de la CVAE

La CVAE est due par les personnes qui exercent une activité professionnelle dans un établissement situé en France.

c) Les exonérations de CVAE

Les exonérations de plein droit, permanentes ou temporaires, prévues en matière de CFE sont applicables à la CVAE.

2.2. Le montant de la CVAE

Calcul du montant de la CVAE

→ La CVAE est égale à 1,5 % de la valeur ajoutée produite.

- Le montant ne peut pas être inférieur à 250 €, notamment pour les entreprises dont le CA est inférieur à 500 000 €.
- En ce qui concerne les entreprises dont le CA est compris entre 500 000 € et 50 000 000 €, il est appliqué un taux de dégrèvement variable en fonction du CA.

Période de référence

→ – La CVAE est déterminée en fonction du CA réalisé et de la valeur ajoutée produite au cours de l'année d'imposition ou au cours du dernier exercice clos de 12 mois.
– En cas de création, le CA réalisé entre la date de création et le 31 décembre de l'année d'imposition est retenu.

Détermination de la valeur ajoutée produite

→ La valeur ajoutée est déterminée par différence entre le chiffre d'affaires HT et certaines charges.

- Le chiffre d'affaires comprend : les ventes et les prestations de services ; les redevances ; les plus-values de cession d'actif et les refacturations de frais.
- Les charges sont constituées par : les achats de marchandises ; les services extérieurs ; les charges de gestion ; les amortissements et les moins-values.

→ La valeur ajoutée ainsi définie ne peut excéder 80 % ou 85 % du CA selon que celui-ci est inférieur ou supérieur à 7 600 000 € (plafonnement de la VA).

CVAE = 1,5 % × Valeur ajoutée produite – Dégrèvement

Il existe des définitions particulières de la valeur ajoutée pour les établissements de crédits, les entreprises de gestion d'instruments financiers, les entreprises d'assurances.

2.3. L'établissement et le paiement de la CVAE

Principe de l'annualité	La CVAE est due par le contribuable qui exerce l'activité au 1er janvier de l'année d'imposition.
Paiement	La CVAE doit être acquittée spontanément par les entreprises dans les délais légaux. Les entreprises dont la CVAE de l'année précédente est supérieure à 3 000 € doivent verser 2 acomptes avant le 15 juin et le 15 septembre. Chaque acompte est égal à 50 % du montant payé.
Déclaration	L'entreprise doit liquider définitivement la CVAE de l'année N en déposant avec le paiement (ou éventuellement le solde) une déclaration avant le deuxième jour ouvré suivant le 1er mai N + 1.
Contrôle et contentieux de la CVAE	Le contrôle de la CVAE relève des règles applicables en matière de taxe sur la valeur ajoutée. Le délai de reprise de l'Administration expire le 31 décembre de l'année qui suit celle au titre de laquelle l'imposition est due.

3 Le plafonnement de la contribution économique territoriale

La CET peut faire l'objet d'un plafonnement lorsque son montant excède 3 % du montant de la valeur ajoutée produite (comme définie pour la CVAE) par l'entreprise.
Ce « plafonnement » n'est pas automatique et le contribuable doit en faire la demande.
Il ne doit pas ramener la CET à un montant inférieur à la CFE.

La taxe sur les salaires et la taxe d'apprentissage

La taxe sur les salaires ainsi que la taxe d'apprentissage ont en commun leur assiette, mais leur champ d'application, leur calcul et leur paiement diffèrent.

1 La taxe sur les salaires

1.1. Les personnes imposables

La taxe sur les salaires est à la charge des employeurs qui sont domiciliés ou établis en France et qui ne sont pas assujettis à la TVA sur au moins 90 % de leur CA.

1.2. Les exonérations

Exonération principale	Les employeurs totalement assujettis pendant l'année à la TVA ou qui l'ont été sur 90 % au moins de leur CA au titre de l'année civile précédant celle du paiement des rémunérations.
Exonérations spécifiques	– Les employeurs agricoles, sauf les organismes coopératifs. – Les collectivités publiques, les établissements d'enseignement supérieur, les centres industriels de recherche. – Les employeurs de salariés à domicile.

1.3. Le calcul de la taxe

Base de la taxe

Les salaires de la période soumis aux cotisations de Sécurité sociale.
Exceptions : salaires des apprentis, allocations chômage.

Barème de la taxe

Rémunérations brutes annuelles	Types de taux	Taux sur la fraction de revenu	Taux global de la taxe	Montant de la taxe sur la fraction de revenu
≤ 7 713 €	Taux Normal	4,25 %	4,25 %	I = 0,0425 × R
7 713 € ≤ R ≤ 15 401 €	1er taux majoré	4,25 %	8,5 %	I = 0,085 × R
15 401 € ≤ R ≤ 152 122 €	2e taux majoré	9,35 %	13,6 %	I = 0,0935 × R
152 122 € ≤ R	3e taux majoré	15,75 %	20 %	I = 0,1575 × R

Abattements, franchise et décote

– Les associations « loi 1901 » et les fondations reconnues d'utilité publique, bénéficient d'un abattement (20 000 €).
– La taxe n'est pas due si son montant est inférieur à 1 200 €.
– Pour une taxe comprise entre 1 200 € et 2 040 €, on applique une décote à hauteur des trois quarts de la différence.

1.4. Le paiement de la taxe

La taxe est entièrement à la charge de l'employeur, qui doit la verser spontanément annuellement (montant < 4 000 €), trimestriellement (entre 4 000 € et 10 000 €) ou mensuellement (> 10 000 €).

2 La taxe d'apprentissage

2.1. L'objectif de la taxe

La taxe d'apprentissage a pour objet de faire participer les employeurs au financement des premières formations technologiques et professionnelles. Ceux-ci peuvent s'en acquitter en effectuant des dépenses libératoires ou par versement au Trésor.

2.2. Les personnes imposables

Les redevables de la taxe d'apprentissage sont :
– les personnes physiques, les sociétés soumises au régime fiscal des sociétés de personnes et les GIE lorsqu'ils exercent une activité commerciale, industrielle, artisanale ;
– les sociétés et autres personnes morales passibles de l'impôt sur les sociétés, quel que soit leur objet, sauf les collectivités sans but lucratif qui ne sont soumises à l'IS qu'au taux réduit sur leurs revenus fonciers, mobiliers et agricoles ;
– les sociétés coopératives de production, transformation, conservation et vente de produits agricoles et leurs unions.

2.3. Les exonérations

Sont exonérées de la taxe d'apprentissage :
– les petites entreprises employant un ou plusieurs apprentis dont la base annuelle d'imposition à la taxe n'excède pas 6 fois le Smic ;
– les sociétés et autres personnes morales d'enseignement ;
– les groupements d'employeurs agricoles.

2.4. Le calcul de la taxe

Base de calcul	Les salaires de la période soumis aux cotisations de Sécurité sociale. Exceptions : salaires des apprentis, allocations chômage.
Taux de la taxe	Le taux de la taxe est de 0,68 %.
Dépenses libératoires dispensant l'entreprise du versement de la taxe	– Les versements en faveur de l'apprentissage proprement dit pour au moins 51 % du montant de la taxe due (quota). – Les autres dépenses exposées en faveur des premières formations technologiques ou professionnelles. – Les frais de fonctionnement, de premier équipement, de renouvellement de matériel des centres de formation des apprentis (CFA). – Les subventions aux établissements d'enseignement. – Les frais de stages en milieu professionnel.

2.5. Les contributions additionnelles

La contribution supplémentaire à l'apprentissage (CSA) est due uniquement par les entreprises d'au moins 250 salariés, redevables de la taxe d'apprentissage, qui emploient moins de 4 % d'alternants. Son taux varie entre 0,05 % et 0,4 %.

FICHE 45

La participation des employeurs à la formation continue et à l'effort de construction

La participation à la formation continue et la participation à l'effort de construction sont deux taxes assises sur les salaires. Elles sont dues par les employeurs quels que soient l'activité exercée, la forme juridique et le régime d'imposition.

1 La participation à la formation professionnelle continue

1.1. Le champ d'application

Sont assujettis à la participation au financement de la formation continue tous les employeurs domiciliés en France.
Sont exonérés l'État, les collectivités locales et leurs établissements à caractère administratif.

1.2. L'assiette de la participation

Base de calcul	Identique à celle des cotisations de Sécurité sociale.
Période de référence	L'année civile au titre de laquelle la participation est due.

1.3. Le montant de la participation

Le régime applicable et le taux de participation varient selon le nombre de salariés. Celui-ci est égal à la moyenne des effectifs déterminés chaque mois de l'année civile pour l'ensemble de l'entreprise.

Jusqu'à 10 salariés	– Le taux de la taxe s'élève à 0,55 % de la masse salariale. – L'employeur doit s'acquitter de sa participation en effectuant 2 versements (0,15 % et 0,4 %). – Le versement s'effectue avant le 1er mars de l'année suivante à un seul organisme paritaire collecteur agréé (OPCA).
À partir de 11 salariés	– Le taux de la taxe s'élève à 1 % de la masse salariale. – Ce taux est porté à 0,8 % si l'employeur finance le compte personnel de formation à hauteur de 0,2 % du montant des rémunérations.

1.4. Les dépenses libératoires

Contribution au financement du DIF et de la professionnalisation	Les employeurs d'au moins 20 salariés doivent affecter chaque année une fraction de leur participation, égale à 0,50 % des rémunérations de l'année, au financement du droit individuel à la formation (DIF) et des périodes de professionnalisation.
Financement du CIF et de la VAE	Les employeurs d'au moins 20 salariés doivent consacrer une fraction de leur participation, égale à 0,20 % des rémunérations de l'année, au financement des congés individuels de formation (CIF) et à la validation des acquis de l'expérience (VAE).
Actions de formation des salariés de l'entreprise	Les dépenses engagées dans le cadre du plan de formation, du DIF ou des congés de formation en vue de financer des actions de formation professionnelle continue sont libératoires.
Autres dépenses imputables	– Financement d'actions de formation au profit des demandeurs d'emploi. – Dépenses supportées par les employeurs au titre du bilan de compétence, du capital-temps de formation. – Versements à des organismes paritaires, collecteurs agréés au titre du plan de formation.

1.5. La déclaration fiscale

Les employeurs doivent indiquer sur leur DADS les mentions nécessaires à l'établissement de la participation à la formation continue. Les employeurs non soumis au dépôt d'une DADS doivent déposer une déclaration 2460 T.

2 La participation à l'effort de construction

2.1. Le champ d'application

Les employeurs d'au moins 20 salariés, domiciliés en France, sont soumis à l'obligation d'investir dans le financement ou la construction de logements sociaux, quels que soient leur activité, leur régime d'imposition ou la forme juridique de leur entreprise (déclaration fiscale 2080)

En sont exonérés l'État, les collectivités locales et les employeurs agricoles.

2.2. Le montant de la participation

Taux	Le taux est de 0,45 % des rémunérations payées l'année précédente.
Base	La base de la participation est alignée sur celle du calcul des cotisations de Sécurité sociale.
Période de référence	La période de référence correspond à l'année civile.

2.3. La forme de l'investissement

Versements aux organismes collecteurs	Prêts sans intérêt, subventions ou versements faits en vue d'être affectés à la souscription de titres de certaines sociétés.
Investissements directs	– Prêts consentis aux salariés pour faciliter la construction ou l'acquisition d'un logement neuf. – Travaux de construction de logements destinés aux salariés.

FICHE 46 Les moyens du contrôle fiscal

Le contrôle fiscal constitue la contrepartie du système déclaratif. En effet, la liberté donnée au contribuable de souscrire ses déclarations a pour corollaire la recherche de sincérité par l'administration fiscale.

1 Le délai de reprise

1.1. Définition

Le droit qu'a l'Administration de réparer les omissions, insuffisances ou erreurs commises pour l'établissement de l'impôt ou des taxes ne peut être exercé que pendant un certain délai, appelé « délai de reprise ».

1.2. Les différents délais de reprise

Impôt sur le revenu, impôt sur les sociétés	Le droit de reprise de l'Administration s'exerce jusqu'à la fin de la 3e année qui suit celle au titre de laquelle l'imposition est due.
Taxe sur le chiffre d'affaires	Le droit de reprise de l'Administration s'exerce jusqu'à la fin de la 3e année qui suit celle au cours de laquelle la taxe est devenue exigible.
Impôts directs locaux	Le droit de reprise expire d'une manière générale le 31 décembre de l'année qui suit celle au titre de laquelle l'imposition est établie.
Droits d'enregistrement, impôt de solidarité sur la fortune	– Le droit de reprise de l'Administration expire le 31 décembre de la 3e année suivant celle au cours de laquelle l'exigibilité des droits ou taxes a été insuffisamment déclarée. – En cas d'absence de déclaration ou d'acte, le droit de reprise expire le 31 décembre de la 6e année suivant celle du fait générateur en l'absence de déclaration (10 ans si activités occultes).

1.3. Les prorogations du délai de reprise

Lorsque la découverte d'agissements frauduleux entraîne le dépôt d'une plainte (sanction pénale), le délai de reprise est prorogé de 2 années supplémentaires.

En cas de demande de renseignements à une autorité étrangère (assistance administrative), les erreurs et autres omissions peuvent être réparées jusqu'à la fin de l'année qui suit celle de la réponse, et au plus tard jusqu'à la fin de la 5e année qui suit celle au titre de laquelle l'imposition est due.

2 Les moyens d'investigation

L'Administration dispose de moyens d'investigation gradués avant d'engager un contrôle.

2.1. Les moyens d'investigation classiques

Les demandes de renseignements aux contribuables	Les demandes d'informations	Ne comportent aucun caractère contraignant.
	Les demandes d'éclaircissements et de justifications	Le délai de réponse est de 30 jours (60 jours dans certains cas). En cas de non respect ou de réponse insuffisante, l'Administration peut engager une procédure d'imposition d'office.

Le droit de communication	Le droit de communication fait obligation à toute personne physique ou morale ayant la qualité de commerçant de communiquer à l'Administration les renseignements souhaités.
	Le droit de communication est limité par le secret médical.
	L'autorité judiciaire doit communiquer spontanément à l'Administration des finances publiques toute indication recueillie laissant présumer une fraude fiscale.

2.2. Les moyens d'investigation spécifiques

Le droit de visite et de saisie	– Les agents des finances publiques disposent d'un droit de visite et de saisie pour la recherche des infractions en matière d'impôts directs et de TVA. – Cette procédure est contrôlée par le juge des libertés et de la détention du tribunal de grande instance. – La saisie ne peut porter que sur des documents de nature à apporter la preuve d'agissements frauduleux (achats sans factures, fausses factures…).
La procédure de flagrance fiscale	– Cette procédure permet aux agents des finances publiques de dresser un procès-verbal en cas d'agissements frauduleux. – Ce procès-verbal permet de mettre en œuvre immédiatement des mesures conservatoires destinées à garantir le paiement des droits et sanctions consécutives aux infractions relevées.

3 Le droit de contrôle

3.1. Le contrôle sur pièces

Ce contrôle consiste en une vérification des éléments déclarés par le contribuable au regard des renseignements dont dispose l'Administration.

3.2. L'examen de la situation fiscale personnelle

Ce type d'examen personnel a pour objectif de contrôler la cohérence entre les revenus déclarés et la situation patrimoniale, la situation de trésorerie et les éléments de train de vie du contribuable (personne physique).

La vérification de comptabilité

L'Administration est habilitée à procéder à une vérification sur place des documents servant à l'établissement des bases d'imposition. Ce contrôle de comptabilité s'effectue dans le respect des droits du contribuable.

1 La vérification de comptabilité

1.1. Le champ d'application

La vérification de comptabilité peut être engagée pour contrôler les résultats :
- des activités industrielles et commerciales ;
- des activités non commerciales ;
- des activités agricoles ;
- des activités relevant de l'impôt sur les sociétés ;
- ainsi que de toutes les activités qui entrent dans le champ d'application de la TVA.

1.2. Les modalités

Lieu d'intervention	La vérification de comptabilité a lieu en principe au siège de l'exploitation. Toutefois, en cas d'un accord entre le contribuable et le vérificateur, le contrôle peut se dérouler en tout lieu où se trouvent les documents comptables.
Modalités d'intervention	– Le contribuable doit être informé à l'avance du contrôle par un avis de vérification. – Le contribuable a la possibilité d'avoir un débat oral et contradictoire avec le vérificateur. – Le vérificateur peut emporter la comptabilité avec l'accord écrit et exprès du contribuable. – Le contribuable doit remettre en début de contrôle la comptabilité des périodes vérifiées sous forme dématérialisée (Fichiers des Écritures Comptables).
Investigations de l'Administration	– L'Administration dispose d'un large pouvoir d'investigation dans la comptabilité pour s'assurer et vérifier la sincérité des déclarations déposées par le contribuable. Le contrôle de l'Administration peut porter sur l'ensemble des informations et données informatiques qui concourent à la formation des résultats comptables et fiscaux. – Le vérificateur peut rejeter la comptabilité lorsque celle-ci ne présente pas un caractère régulier ou lorsqu'elle n'est pas sincère.
Caractère irrégulier de la vérification	Lorsque des irrégularités sont commises dans le cadre du contrôle de comptabilité, elles entraînent la nullité de la procédure et des impositions supplémentaires établies à cette occasion.

2 Les procédures de rectification

L'Administration qui modifie les bases d'imposition d'un contribuable à l'issue d'une vérification de comptabilité doit observer certaines règles de procédure.

2.1. La procédure contradictoire

a) Le champ d'application

C'est la procédure de rectification de droit commun qui s'applique, sauf exceptions :
– dans les cas d'imposition d'office ;
– en matière d'impôts locaux (taxes foncières, taxe d'habitation, contribution économique territoriale).

b) Le déroulement

L'Administration adresse au contribuable une proposition de rectification motivée en droit et en fait.

Le contribuable dispose d'un délai de 30 jours pour répondre, qui peut être prorogé, sur demande, de 30 jours.

L'Administration doit répondre aux observations du contribuable dans un délai de 60 jours (sinon accord tacite).

Le contribuable peut solliciter l'intervention du supérieur hiérarchique, de l'interlocuteur départemental et des commissions départementales ou nationales des impôts directs et des taxes sur le chiffre d'affaires.

2.2. La procédure d'imposition d'office

Champ d'application	Les conséquences
Cette procédure peut être mise en œuvre dans les cas suivants : – défaut ou retard de production de certaines déclarations, – non-réponse aux demandes de justifications et d'éclaircissement, – opposition à contrôle fiscal.	– L'Administration doit informer le contribuable des nouvelles bases d'imposition mais n'ouvre pas de dialogue. – Le contribuable ne peut solliciter la commission départementale ID-TCA. – En cas de contestation, la charge de la preuve incombe au contribuable.

3 Les garanties du contribuable

3.1. Le rescrit fiscal

Le contribuable peut consulter l'Administration sur les règles fiscales qui lui sont applicables. Les réponses faites par l'Administration lui sont opposables.

3.2. Les garanties en cas de vérification

Information	L'Administration doit adresser au contribuable un avis de vérification.
Non-renouvellement	Lorsqu'une vérification pour une période et pour des impôts donnés est terminée, l'Administration ne peut pas procéder à un nouveau contrôle.
Durée	La durée des investigations sur place est limitée à 3 mois (si CA < 789 000 €).
Débat oral et contradictoire	Le contribuable doit avoir la possibilité d'avoir un débat oral et contradictoire avec le vérificateur.